Natalie John

Franziskus, die Winzer und der Trüffelhund

Umbrische Genüsse

Natalie John

*Franziskus,
die Winzer und
der Trüffelhund
Umbrische
Genüsse*

Picus Lesereisen

Picus Verlag Wien

Copyright © 2002 Picus Verlag Ges.m.b.H., Wien
2. Auflage 2005
Alle Rechte vorbehalten
Grafische Gestaltung: Dorothea Löcker, Wien
Umschlagabbildung: Todi, © E.N.I.T
Druck und Verarbeitung: Remaprint, Wien
ISBN 3-85452-756-X

Informationen über das aktuelle Programm
des Picus Verlags und Veranstaltungen unter
www.picus.at

Inhalt

Im Reich des ferngesteuerten Wasserfalls, des hochverehrten Clitumnus und der zauberhaften Sybille

Das grüne Herz Italiens

Ungezählt sind die Schattierungen der Farbe Grün. Tiefgrün wie ein dichter, geheimnisvoller Eichenwald, saftgrün wie eine frische Wiese, moosgrün wie sanfte Hügelketten, silbergrün wie dichte Olivenhaine, dunkelgrün wie ein tiefer, satter See, hellgrün wie frischgeerntete Weintrauben, blaßgrün wie der kaum sichtbare Streifen im Regenbogen über einem Wasserfall, grüngelb wie ein üppiges Sonnenblumenfeld, türkisgrün wie der weite Himmel im Sonnenuntergang, katzengrün wie Valentinas Augen.

Grün ist die Farbe Umbriens, der schönen und geheimnisvollen Region im Herzen Italiens, der einzigen Region, die weder von Küsten noch von anderen Ländern begrenzt wird; hier rauschen keine Wellen, hier murmelt nur der Trasimenische See. Immer wieder bleibt der Blick hängen am Grün der Wälder und weiten Wiesen, denn zum größten Teil besteht Umbrien aus Bergen, Hügeln und ein paar Tälern dazwischen. Die Region liegt im Herzen des Stiefels, abgeschirmt durch den Apennin, weitab von den mittelalterlichen Pilger- und Handelswegen, abseits der wichtigen Verkehrsadern und Zuglinien. Dank dieser Abgeschiedenheit lebt Umbrien noch immer einen Lebensrhythmus, der die Langsamkeit früherer Zeiten bewahrt zu haben scheint, das Leben verläuft in ruhigen Bahnen. Mehr als jedem anderen Teil Italiens gelang es Umbrien so, die jahrhundertealten Traditionen, die eigene Kultur zu bewahren. Die Orte hier sind klein. Mit Ausnahme von Perugia und Terni zählen sie kaum mehr als dreißigtausend Einwohner, doch sie alle sind reich an Kunstwerken, mittelalterlichen *palazzi*, freskengeschmückten Kirchen, alle besitzen einen stolzen, herrschaftlichen Stadtkern. Klein ist auch die Region selbst – gerade mal hundertzwanzig Kilometer mißt Umbrien von Nord nach Süd, knappe hundert von West nach Ost – die Entfernungen sind gering, von einem einzigen Ausgangspunkt läßt sich mühelos das ganze Gebiet besichtigen. Die Menschen sind traditionsverbunden und aufgeschlossen; Internet und Ikonen, beide haben hier ihren Platz. Der heilige Franziskus, der liebenswerteste Heilige, den Italiens hervorgebracht hat, steht goldgerahmt neben dem Apple-PC. Es wird gechattet, gebetet und geflucht.

Umbrien grenzt an die Toskana und besitzt alles, was wir an der berühmtesten Region Italiens so lieben – sanfte Zypressenhügel, Olivenhaine, malerische Kleinstädte, große Kunst und viel Geschichte. Und noch mehr: Umbrien besitzt Magie. Etwas Zauberhaftes liegt über der umbrischen Landschaft, etwas Unaussprechliches, das ganz zart die Seele berührt.

Der Tag, an dem ich den Zauber Umbriens zum ersten Mal verspürte, war einer jener zaghaft milden Februartage, die erahnen lassen, daß der Frühling nicht mehr fern ist, es war der Tag, an dem ich das Regenbogenland entdeckte. Es liegt etwa sieben Kilometer östlich von Terni, heißt Cascate delle Marmore und ist Italiens schönster Wasserfall. Ich stand hoch oben auf der Aussichtsplattform Belvedere, ganz allein – es war Vorsaison und es gab noch kaum Touristen, es war Sonntag mittag, und jeder anständige Italiener ißt um diese Zeit seine *pasta*. Ich lehnte an der Steinbrüstung, die Sonne brannte Sommersprossen auf meine Nase, und beobachtete das Wasser, das donnernd und zischend über eine steile Geländestufe in drei Kaskaden ins Tal stürzt, sich tosend einen Weg zwischen Felsen und Bäumen bahnt. Zarte Gischt perlte auf meiner Haut, erfrischte mich wie eine prickelnde Dusche. In den Wassernebeln brach sich das Sonnenlicht wieder und wieder, und plötzlich erschien aus dem feuchten Nichts dieser Regenbogen. Dick wie der Baumstamm einer jahrhundertealten Eiche, die Farben so klar wie mit dem Pinsel nachgezeichnet – ein Augenzwinkern des Glücks. Das Naturwunder ist von Menschenhand geschaffen und eigentlich zweckmäßig; die Römer ersannen den Wasserfall, um die versumpfte Ebene von Rieti trockenzulegen, und leiteten den Lauf des Velino über die 165 Meter hohe Geländestufe zur Nera herab.

Die Sage wandelt es ins Göttliche: Die Nymphe Nera wurde für ihre Liebe zu dem Hirten Velino von Jupiter bestraft und in einen Fluß verwandelt. Verzweifelt stürzte sich Velino vom Felsen, wurde ebenfalls zum Fluß und vereinigte sich mit Nera. Seit 1924 funktioniert der Wasserfall auf Knopfdruck: Weil der Fluß Nera zur Stromgewinnung aufgestaut wird, stürzt das Wasser nur noch zu festgelegten Zeiten kopfüber ins Tal. Bereits im 18. Jahrhundert ließen sich die Besucher von den *cascate* faszinieren, heute treten sich vor allem zur Hochsaison die Touristen an der Brüstung gegenseitig auf die Füße, an den Imbißständen und Verkaufsbuden blüht das Geschäft, am Abend sind die Wassermassen gar flutlichtbeleuchtet, doch an ruhigen Frühlingstagen ist das Regenbogenland greifbar nahe.

Mein zweiter magischer Lieblingsplatz ist das schattige Ufer am lieblichen Teich der Clitumnus-Quellen gleich hinter Terni. Es gibt keinen besseren Ort für ein Picknick. Stundenlang könnte ich hier sitzen und zusehen, wie sich hohe Zypressen, Trauerweiden und Pappeln auf der glasklaren, schimmernden Wasseroberfläche spiegeln. Es scheint, als würde jeden Moment eine Horde kichernder Nixlein in weißen Schleiergewändern auftauchen und zu Neptuns Zauberflöte tanzen. »Dir Clitumnus, heiliger Strom, entstiegen oft schon schneeige Herden, vor allem der Stier, das herrlichste Opfer, führte Roms Triumphe empor zu den Tempeln der Götter. Hier blüht dauernder Lenz, hier strahlt fast zeitloser Sommer, zweimal ist trächtig das Vieh, zweimal bringt Früchte der Obstbaum.« Tatsächlich legt der Lenz hier keine Zusatzrunde ein, das Verhalten von Tier und Natur bewegt sich ebenfalls in natürlichem Rahmen, dennoch möchte man glatt in Vergils Schwärmereien einstimmen. Greifbar nahe noch ist der Zauber zu spüren, der vom klaren und kalten Wasser der Quelle ausgeht, die aus dem Waldboden entspringt und in der Antike dem umbrischen Flußgott Clitumnus geweiht war, den auch die Römer hoch verehrten. In der Nähe der Quellen standen sein Tempel und die Heiligtümer anderer mit ihm verehrter Gottheiten, an seinen Ufern weideten Vergils weiße Opferkühe. Wo Wasser entspringt, muß ein Heiligtum sein, so lautete die hier nachvollziehbare These der Römer. Auch Kollegen Plinius versetzte die Quelle in helle Aufregung. »Hast du den Clitumnus gesehen? Alles, was es da gibt, wird dir Freude bereiten.« Und jeder wollte ihn schon damals sehen, die göttlichen Quellen waren in der Antike ein echter Magnet mit Patriziervillen, Hotels, öffentlichen Thermen, sogar Kaiser Caligula war hier. Geblieben ist ein Tempelchen, etwas versteckt am Hang. Möglicherweise eine Kultstätte aus dem 4. Jahrhundert, christlich, wie Reliefs mit einem Kreuz auf der Rückseite zeigen, wenn auch für den Bau Teile eines heidnischen Tempels verwendet wurden.

Später gehörten Tempel und Quellen zu den obligatorischen Stationen einer italienischen Bildungsreise, natürlich war auch Goethe hier. Giosuè Carducci hat das Gedicht »Le fonti del Clitunno« geschrieben, das die meisten italienischen Gymnasiasten bis heute auswendig lernen müssen. »Sei mir gegrüßt, grünes Umbrien, und du, Gottheit des reinen Quells, Clitumnus! Zu dir steigen die Herden herab, in deine Welle taucht der umbrische Knabe das widerspenstige Schaf«, heißt es da.

Mehr denn je herrscht heutzutage reger Besucherverkehr, vor allem an den Wochenenden. Dann machen unzählige Reisebusse auf dem großangelegten Parkplatz Rast, Verkehrslärm und Menschenmassen lassen nicht wirklich romantische Gefühle aufkommen. Aber in den ruhigen Momenten …

Und dann gibt es noch einen dritten magischen Ort in Umbrien, über den eine Dame herrscht, die sagenumwobene Seherin Sybilla. Sie ist die Herrin über die geheimnisvollen Monti Sibillini, deren Hauptkamm das Landschaftsbild Umbriens in dieser Ecke prägt, seit jeher ein Gebirge voller Kultur und Legenden, Mythen und Dämonen. Die machthungrige Zauberin soll in die unterirdische Felsgrotte am Fuß der Monti Sibillini verbannt worden sein, weil sie dagegen protestierte, daß man sie nicht zur Mutter Gottes ernannt hatte. Viele mythische Seher machten ihr über die Jahrhunderte hinweg ihre Aufwartung. Wer sich nach einem Jahr Aufenthalt in der Höhle nicht wieder vom Zauber der Sybille lösen konnte, mußte bis zum Tag des jüngsten Gerichts dort oben bleiben. Die überirdische Grotte war in späteren Jahren ein Wallfahrtsort für Zauberer und Abergläubische, im Mittelalter zogen Schwarzmagier, Ritter und Bauern auf der Suche nach der weisen Frau hinauf ins Gebirge. Viele von ihnen sind nie wieder zurückgekehrt. Noch im 19. Jahrhundert inspirierte die Grotte Richard Wagner zu seinem Venusberg im »Tannhäuser«. Heute kann man in der weitgehend unberührten Natur herrlich wandern, dank ihrer biologischen Unversehrteit – 1800 botanische Arten leben hier – ist die Natur einzigartig. Im Frühjahr blühen Veilchen, Narzissen, kleine Nelken, Mohn, wilde Tulpen, Asphodill in Farben, wie sie in keinem Tuschkasten der Welt zu finden sind. Die Berge sind im Parco Nazionale dei Monti Sibillini unter

Schutz gestellt – aber immer noch nicht ganz hexenfrei.

Doch es sind nicht nur die gewaltigen Dinge, die den Zauber Umbriens ausmachen, da gibt es auch die Sonnenblumenfelder, die blühenden Linsenblüten, die Nebeltage, die die Kuppen der Hügel wie grüne Häubchen in einem Meer aus Watte schwimmen lassen, ein nach tausend Aromen duftendes Glas Wein, eine Forelle, die im Wildbach tanzt, eine im Laufe der Jahre verwaschene Glasscherbe am Seeufer …

Vorsicht: Die Magie Umbriens wirkt schneller als der sybillinische Zauber, wer sie einmal verspürt hat, vergißt es nie mehr. Wer einmal das grüne Herz Italiens entdeckt hat, wird immer wieder kommen.

Franziskus, Klara, Rita und Co

Von großen und kleinen Heiligen

Es gibt Tage im Leben, da geht alles schief, auch bei Giuliana aus Cascia, einer modernen jungen Frau in Kostüm und Netzstrümpfen mit Internetanschluß. Heute ist so ein Tag: Die *pasta* fürs Mittagessen zerkocht, der Staubsauger im Eimer, die wilde Haarpracht nicht zu bändigen. Da kann nur noch Santa Rita helfen. Schnell und entschlossen ein Stoßgebet zur Schutzheiligen der Hausfrauen, und Giulianas Alltag läuft wieder in geregelten Bahnen. *Pazienza*, nur Geduld. Ins Lockenhaar kommt einfach Olivenöl, geputzt wird morgen, zum Essen wird Fertigrisotto aufgetischt.

Innere Sicherheit? Für die Menschen in Umbrien eigentlich kein Thema. Denn wie ein rund um die Uhr einsatzbereites Erste-Hilfe-Team stehen für alle Eventualitäten Heilige zur Verfügung. Ladies first: Santa Rita von Cascia hilft durch den Hausfrauenalltag, bei Prüfungsschwierigkeiten und ist sozusagen der Libero der Truppe: Bei aussichtslosen Anliegen aller Art wird sie als Helferin angerufen. Man sagt, bis in die heutige Zeit hinein hätten sich um ihre Person auffällige Wunder ereignet. Klara von Assisi steht bei Fieber und Augenleiden zur Seite, die heilige Scholastika wird angerufen, wenn ein Gewitter tobt oder der Regen zu lange ausbleibt. Ihr Zwillingsbruder, der heilige Benedikt, ist zuständig bei Entzündungen, Vergiftungen und hilft gegen

Zauberei. Und dann besitzt Umbrien natürlich den Topstar unter den *santi*, den heiligen Franziskus von Assisi, Italiens wichtigsten Heiligen. Auf der Kommode jedes anständigen umbrischen Haushaltes stehen sie dann auch, die *santi*, goldgerahmt neben einer kleinen Vase mit einem frischen Blümlein oder einer mit rotem Lämpchen beleuchteten Madonna in Reih und Glied, Silberrahmen an Silberrahmen mit Onkeln, Tanten, Brüdern, Schwestern, Hochzeitspaaren. Neben den regionalen *santi*, gleichsam dem LKA unter den Heiligen, besitzt jede Berufsgruppe – vom Klempner bis zum Gefängnisbediensteten – zusätzlich ihren eigenen Schutzherrn oder ihre eigene Schutzdame. Doch damit nicht genug, jedes noch so kleine Dorf hat außerdem noch einen privaten Patron parat. Wie diese Sicherheitssysteme aktiviert werden? Gewöhnlich reicht es aus, ein Stoßgebet gen Himmel zu schicken oder den Namen des zuständigen Heiligen erzürnt herauszurufen, in hartnäckigeren Fällen muß es allerdings schon ein persönliches Vorsprechen sein. Was es braucht, um Mitglied bei der Schutztruppe zu werden? Werfen wir einen Blick in die Lebensläufe und Bewerbungsunterlagen. Der Topagent zuerst, abgeheftet unter:

F wie Franziskus von Assisi

Giuseppe Garibaldi ist der Nationalheld der Italiener – neben dem jeweils gerade erfolgreichsten Fußballspieler –, Franziskus aus Assisi der Nationalheilige der Stiefelfraktion. Der fröhlichste und liebenswerteste Heilige, den Italien hervorgebracht hat. Der Mann, der die Armen und Aussätzigen liebte, mit Tieren redete und eine Bettlerexistenz in Kutte und Strick vorlebte, der schon zu Lebzeiten Tausende in seinen Bann zog. »Wie die Sonne ging er in der Welt auf«, dieses schöne Kompliment erhielt Franziskus von Assisi aus dem Munde des italienischen Dichters Dante Alighieri, und alljährlich strömen Hunderttausende in das kleine umbrische Städtchen Assisi, um ein wenig von dieser Sonne zu fühlen, die Leben und Wirken von Franziskus umgab.

Giovanni Battista, genannt Franziskus, wurde 1181/82 als Sohn des reichen Tuchhändlers Pietro di Bernardone geboren und war ein lebenslustiger und fröhlicher Knabe. Karriereziel: Ritter. 1202 wurde er während des Städtekriegs zwischen Assisi und Perugia gefangengenommen. In dunklen Stunden im Verlies erkrankte er schwer und vernahm von Fieber geschüttelt die Stimme Gottes, die ihn aufforderte, nach seiner Gefangenschaft nach Assisi zurückzukehren. Von da an erkannte er, daß es noch etwas anderes im Leben geben müsse als Wohlstand, Genuß und ein angenehmes Leben, immer mehr wandte er sich den Armen und Aussätzigen zu. 1205 geschah das Ereignis, das sein Leben verändern, seine innere Wandlung bewirken sollte: Als er in der kleinen, verfallenen Kirche San Damiano bei Assisi betete, vernahm er plötzlich, wie Christus vom Kreuz zu ihm sprach: »Geh und baue mein verfallenes Haus wieder auf, siehst du nicht, daß es einstürzt!« Franziskus nahm den Auftrag wörtlich, verkaufte heimlich Tuchballen seines Vaters und ließ mit dem Erlös die Kirche wieder herrichten. Sein Vater wurde zornig, forderte das Geld zurück, klagte ihn öffentlich des Diebstahls an. Vor allen umstehenden Menschen riß sich Franziskus sogar die Kleider vom Leib, um sie seinem Vater mit den Worten zurückzugeben: »Es gibt künftig nur noch einen Vater für mich, den Himmel.« Ein Bischof hatte Mitleid, reichte ihm eine Kutte und einen Strick, die Kleidung der armen umbrischen Bauern dieser Zeit. Als Zeichen seines Bekenntnisses zu Armut und Demut trug Franziskus fortan nur noch diese Kleidung. *Il Poverello,* der kleine Arme, und der Franziskusorden waren geboren. Wie ein Jünger Jesu zog er nun predigend über das Land. Seine Botschaft von Armut, Keuschheit und Gehorsam war nicht ganz leicht durchzusetzen, die Bewohner seiner Heimatstadt Assisi erklärten ihn gar für verrückt, doch der Himmel half. Papst Innozenz III. in Rom hatte eine Vision. Er sah, wie Franziskus die Lateranskirche mit seinen Schultern stützte. »Wahrlich«, sprach der Papst, »das ist jener Mann, der durch sein Werk und seine Lehre die Kirche Christi erhalten wird.« Er gab Franziskus den Auftrag, Buße zu predigen, und ließ seinen Begleitern Tonsuren schneiden. 1223 bestätigte er die Ordensregeln, die Franziskus in der armseligen Hütte von Rivotorto verfaßt hatte.

Als erste Mönchsgemeinschaft des Abendlandes erhoben die Franziskaner die Predigt und den Dienst an den Menschen zu ihren wichtigsten Aufgaben. Bald waren sie gesuchte Prediger und zogen als Missionare in alle Welt. Franziskus selbst predigte zu Tieren, drückte seine Gedanken in Gedichten aus, wollte Jesus immer ähnlicher werden. Seine Missionsreisen führten ihn bis ins Heilige Land. Doch immer wieder quälte ihn die Frage, ob denn sein Weg der richtige sei. Am 24. September 1224 gab ihm Gott eine Antwort; auf dem Berg La Verna empfing Franziskus die Wundmale, Stigmata Christi.

Zwei Jahre später erkrankte er, und man brachte den Heiligen zurück nach Porziuncola, schwer bewacht, denn jeder war scharf auf die kostbarste Reliquie Italiens. Am 3. Oktober 1226 starb Franziskus, der von sich selbst sagte: »Ich habe die heilige Armut gewählt, um meiner geistigen und leiblichen Wonnen und Brauchtümer wegen«, in der Porziuncola-Kapelle in Santa Maria degli Angeli bei Assisi, zwei Jahre später wurde er heiliggesprochen. Papst Gregor IX. legte den Grundstein zur Basilika San Francesco, der Erfinder des Bettelordens fand seine letzte Ruhestätte in einer Basilika aus Gold. Seit 1939 ist Franziskus Hauptpatron Italiens.

Mit dem Franziskus-Freskenzyklus in der Basilika von Assisi wurde der Heilige endgültig zum Verehrungsobjekt. »Vor den Toren von Arezzo befahl der heilige Franziskus dem Bruder Silvester, die Dämonen zu vertreiben. Der Bruder schrie aus Leibeskräften: Fahret aus, ihr Dämonen! Und alsogleich kehrte der Friede wieder zurück.« Jeder erfuhr so von den Helden- und Wundertaten des *Poverello*. Franziskus' Charisma hat bis heute nichts von seiner Wirkung eingebüßt, vielleicht, weil der schlichte, fröhliche Heilige nicht herrschen wollte, sondern trösten und erheitern. Der Zauber seiner allumfassenden Liebe – sogar der Tod wurde von ihm als Bruder begrüßt – kommt im »Laudes Creaturarum«, seinem »Sonnengesang«, zum Ausdruck.

Eines Tages war Franziskus bei den Klarissinnen eingeladen. Nach langen Gesprächen trug man ein paar Speisen zur Stärkung auf. Auf einmal sprang Franziskus von der Tafel auf und rief: »Gelobet sei der Herr!« In diesem Moment hatte er den Geistesblitz zum »Cantico di Frate Sole«, dem ersten religiösen Gedicht in italienischer Sprache.

Du höchster, mächtigster, guter Herr,
Dir sind die Lieder des Lobes,
Ruhm und Ehre und jeglicher Dank geweiht;
Dir nur gebühren sie,
Höchster, und keiner der Menschen ist würdig,
Dich nur zu nennen.

Gelobt seist Du, Herr, mit allen Wesen,
die Du geschaffen,
der edlen Herrin vor allem, Schwester Sonne,
die uns den Tag heraufführt und Licht mit ihren
Strahlen, die Schöne, spendet; gar prächtig in
mächtigem Glanze:
Dein Gleichnis ist sie, Erhabener.

Gelobt seist Du, Herr,
durch Bruder Mond und die Sterne.
Durch Dich sie funkeln am Himmelsbogen
und leuchten köstlich und schön.

Gelobt seist Du, Herr, durch Bruder Wind und Luft
und Wolke und Wetter,
die sanft oder streng, nach Deinem Willen,
die Wesen leiten, die durch Dich sind.

Gelobt seist Du, Herr,
durch Schwester Quelle:
Wie ist sie nütze in ihrer Demut,
wie köstlich und keusch!

Gelobt seist Du, Herr,
durch Bruder Feuer,
durch den Du zur Nacht uns leuchtest.
Schön und freundlich ist er am wohligen Herde,
mächtig als lodernden Brand.

Gelobt seist Du, Herr,
durch unsere Schwester, die Mutter Erde,
die gütig und stark uns trägt
und mancherlei Frucht uns bietet
mit farbigen Blumen und Matte.

Gelobt seist Du, Herr,
durch die, so vergeben um Deiner Liebe willen
Pein und Trübsal geduldig tragen.
Selig, die's überwinden im Frieden:
Du, Höchster, wirst sie belohnen.

Gelobt seist Du, Herr,
durch unsern Bruder, den leiblichen Tod;
ihm kann kein lebender Mensch entrinnen.
Wehe denen, die sterben in schweren Sünden!

Selig, die er in Deinem heiligsten Willen findet!
Denn Sie versehrt nicht der zweite Tod.
Lobet und preiset den Herrn!
Danket und dient Ihm in großer Demut!

Geballte Frauenpower in Cascia: Schon das Stadt-
wappen macht klar, daß hier die Damen das Heft in
der Hand halten. Es zeigt eine stehende Frau mit einer Lilie in der rechten und einer Schlange in der
linken Hand. Nach Assisi ist Cascia, die zweitgröß-
te Stadt in der südwestlichen Ecke Umbriens, das
größte Pilgerziel der Region. Cascia hat nicht viel
zu bieten, hierher fährt nur, wer Rita, die Schutzhei-
lige der Hausfrauen und Dienstmädchen, besuchen
möchte. Sie gilt als »Helferin in aussichtslosen Nö-
ten« und Patronin »unerfüllbarer Wünsche«. Zu ihr
kommt, wer Probleme hat, wer Trost sucht, wer
verzweifelt ist, und das Wunderbare ist: Niemand
wird enttäuscht.

Rita kam 1381 als Margherita Lotti in Roccaporena, einem kleinen Dorf oberhalb von Cascia, zur
Welt. Gegen ihren Willen wurde sie als Fünfzehn-
jährige von ihren Eltern mit einem Alkoholiker ver-
heiratet, der sie im Laufe der Ehe grob mißhandel-
te. Trotz der schlechten Behandlung war sie ihm
eine gute Hausfrau und Mutter. Nach 18 Jahren
Ehehölle, die Rita geduldig und sanftmütig ertrug,
wurde ihr Mann ermordet. Die beiden Söhne Ritas
schworen Blutrache und wollten die Täter umbrin-
gen. In ihrer Verzweiflung betete Rita zu Gott, daß
er ihre Söhne lieber sterben als ihren Mordplan aus-
führen lassen solle. Ihr Flehen wurde erhört, innerhalb kürzester Zeit starben die beiden jungen Männer. Rita, in tiefer Trauer, bat 33jährig bei den
Augustiner-Eremitinnen um Aufnahme. Dreimal
wurde sie abgelehnt, weil den Äbtissinnen eine jun-

ge Witwe für das Klosterleben ungeeignet schien. Doch dann erschien Rita, so erzählt die Legende, in einer nächtlichen Vision, begleitet von Johannes dem Täufer, und die Klosterpforten öffneten sich von allein. Da gaben auch die Nonnen ihren Widerstand auf, und Rita zog in das Kloster, wo sie den Rest ihres Lebens verbrachte. Ritas Klosterleben war charakterisiert von einer innigen Liebe zu Jesus, 1443 empfing sie während einer Vision die Wunden der Dornenkrone – ein Dorn aus dem Kranz fiel während des Karfreitagsgebets auf ihre Stirn –, die sie bis zu ihrem Lebensende, mehr als vierzehn Jahre lang, behielt. Am 22. Mai 1457 starb Rita in ihrer Klosterzelle. Vor ihrem Tod, so erzählt man sich, habe sie zu einem Verwandten gebetet, er möge ihr eine blühende Rose aus dem Garten mitbringen. Obwohl es bitterkalter Winter war, erschien der Mann tatsächlich mit einer wunderschönen Rose, er hatte sie zufällig an einem blühenden Strauch gefunden. In der Nacht ihres Todes, heißt es, begannen die Glocken in Cascia von selbst zu läuten. Schon bald danach ereigneten sich um ihre Person auffällige Wunder, ihr Ruhm drang weit über die Grenzen Cascias hinaus. Das Volk verehrte sie, vor allem in Süditalien hatte Rita viele Anhängerinnen. Am 24. Mai 1900 wurde sie schließlich von Papst Leo XIII. – nicht zuletzt durch den Druck der vielen Pilgerinnen – heiliggesprochen. Ihr Leichnam wird in einem Kirchlein, erbaut 1947 über dem kleinen Städtchen Cascia, aufbewahrt und ist das Ziel tausender Wallfahrer. Ritas letzte Ruhestätte sieht aus wie eine Filmkulisse, das Kircheninnere in gedämpftes Licht gehüllt, ein blauer

Gewölbehimmel, an dem Engel und Heilige schweben, vergoldete Bögen. Die Menschen drängen sich zuhauf um den Glasschrein der Heiligen in der reichgeschmückten Kapelle. An die Kirche schließt sich das Kloster an, in das sich die heilige Rita zurückgezogen hatte und in dem die Augustinerinnen noch heute nach den gleichen Regeln wie vor sieben Jahrhunderten leben. Besichtigen kann man dort das Oratorio del Crocifisso, wo die Heilige ihre Wundmale empfing, im Klostergarten steht der »wundertätige Rosenstock«, der mitten im Winter zu blühen begann.

Die Statue der heiligen Rita steht in der Kirche San Francesco. Als Dank für erhörte Bitten haben Pilger hier Fotos als Votivgaben angebracht.

Am 22. Mai wird ihr zu Ehren eines der schönsten und buntesten Volksfeste Umbriens gefeiert. Am Vorabend schon ist die Stadt bei Sonnenuntergang von tausenden Fackeln und Kerzen erleuchtet, am Gedenktag selbst zieht eine farbenprächtige Prozession von Roccaporena nach Cascia, wo Szenen aus ihrem Leben nachgespielt werden. Die Rosensegnung ist der Höhepunkt der Feierlichkeiten, die Allee, die zur Wallfahrtskirche führt, wird zu einer Art verzaubertem Garten aus zum Himmel gerichteten Rosen.

B wie Benedikt von Nursia

In jeder anderen Region wäre der Begründer der abendländischen Kloster- und Mönchskultur der Spitzenmann der heiligen Einsatztruppe, in Umbrien muß er sich mit Platz zwei begnügen und im Schatten des umschwärmten Franziskus wirken. Hoch oben in den umbrischen Bergen in Norcia kam Benedikt von Nursia als Benedetto degli Anici um 480 zur Welt, zusammen mit seiner Zwillingsschwester Scholastika verbrachte er in der Abgeschiedenheit seine Kindheit – wo einst das Elternhaus stand, erhebt sich heute die Kirche San Benedetto. Mit 19 Jahren wurde er in eine Rhetorikschule nach Rom geschickt, doch der Sittenlosigkeit der Hauptstadt wegen floh er schon bald in die Einsamkeit der Sabiner Berge. Bei Subiaco lebte er ein strenges Büßerleben, erst allein in einer Höhle, dann zusammen mit einer Eremitengemeinschaft. In den Jahren der Einsamkeit entwickelte er sein Konzept zum Zusammenleben in Glaubensgemeinschaften, die »Regula Monasteriorum«, die später zur Grundlage aller Klosterregelungen werden sollte. »Ora et labora« lautete der wichtigste Grundsatz, Arbeit war seiner Auffassung nach ebensowichtig wie das Gebet. Er wollte das Leben der Eremiten an seiner Seite ordnen, die in der Abgeschiedenheit allein der Meditation frönen wollten. Sie dankten ihm mit einem Giftanschlag. Tiefenttäuscht kehrte er in seine Höhle zurück. Nach und nach versammelten sich bei ihm alle Einsiedler der Umgebung, bildeten von Benedikt geleitete Mönchsgemeinschaften, seine Lehre breitete sich aus. 529 gründete er bei Cassino das weltberühmte Kloster Montecassino; dort brachte er seine »Regula Benedicti« zu Papier, die zur Grundlage für alle Benediktinerklöster des Abendlandes wurde. 547 starb Benedikt während eines Gebets vor dem Altar der

Klosterkirche von Montecassino. Die ausgeprägte Arbeitsethik in Benedikts Konzept trug erheblich zur Kultur des Mittelalters bei. Klöster wurden zu einer zivilisatorischen Macht, reich, gewannen dadurch zunehmend an Einfluß, auch als Mäzene und Arbeitgeber. Fast alle der bedeutendsten Kunstwerke entstanden im Auftrag der Kirchen und Klöster.

Umbrien hat den Benediktinern auch die immergrünen Valneria-Felder zu verdanken, denn die Mönche waren es, die die Marcita-Bewässerungstechnik erfanden: Durch unterirdische Bewässerung wird der Boden das ganze Jahr über feucht und fruchtbar gehalten. Die letzte Ernte im Winter wird liegengelassen, verfault und wird zu Humus. Wer den heiligen Benedikt besuchen möchte, trifft ihn in Norcia an. Mit segnendem Arm steht er in der Mitte der kreisrunden Piazza San Benedetto, die Basilika San Benedetto wurde über seinem Geburtsort errichtet. Die Läden in Norcia verkaufen Benedikt-Medaillen zum Schutz vor Unwettern und Gewittern und um böse Geister fernzuhalten.

K wie Klara von Assisi

Die heilige Klara teilt Benedikts Schicksal. Allerorts hochverehrt, schlägt Rita sie in Umbrien in der Beliebtheitsskala um Längen. Chiara Sciffi wurde 1194 in Assisi geboren; aufmerksam und fasziniert verfolgte sie den Lebensweg des um zwölf Jahre älteren Franziskus. Sein Verzicht auf jeglichen Besitz wurde auch für sie zum Lebensideal. Eines Nachts im Jahre 1212 floh sie 18jährig vor ihren wohlhabenden Eltern, die sie mit einem reichen Adeligen aus Assisi vermählen wollten, zu Franziskus in das Porziuncola-Kirchlein, den Stammsitz der von Franziskus gegründeten Gemeinschaft unterhalb von Assisi. Der Heilige nahm die junge Klara auf, schnitt ihr die Haare ab, gab ihr Ordensgewand und Schleier. Dies war die Geburtsstunde des Klarissinnenordens, des sogenannten zweiten Ordens der Franziskaner. Zusammen mit ihrer Schwester Agnes ließ sich Klara in der Kirche San Damiano nieder, wo ein Kloster entstand. Im Jahre 1216 erhielt die Ordensgründerin von Papst Innozenz III. das sogenannte Armutsprivileg. Immer schon schwächlich, blieb sie von 1224 an ans Bett gefesselt. Vom Bett aus erlebte sie, wie sich ihr Orden durch mehrere neue Klöster ausbreitete. Am 9. August 1253 erhielt Klara von Papst Innozenz IV. die Bestätigung ihrer Ordensregel, zwei Tage später, am 11. August 1253, starb sie im Kloster San Damiano, wo sie die letzten Jahrzehnte ihres Lebens verbracht hatte. Kurz nach ihrem Tod wurde sie heilig gesprochen. Ihr Leichnam wurde zuerst in der Kirche San Giorgio in Assisi beigesetzt, 1265 in die Kirche Santa Chiara gebracht. Doch richtig nahe fühlt man sich ihr in San Damiano, einem zauberhaften, abgeschiedenen Ort unterhalb von Assisi. Jeder Pilger, der Franziskus seine Aufwartung macht, kommt auch zur Basilica di Santa Chiara und an den Glasschrein des Mädchens, dessen Leben eng mit Franz von Assisi verbunden war. Das kleine Kloster, von dem aus die schwächliche Klara erleben sollte, wie sich mehrere Orden ausbreiteten, strahlt eine beschauliche Ruhe aus, seit dem 13.

Jahrhundert ist es kaum verändert worden. Im Refektorium, wo Klara zu speisen pflegte, steht immer ein frischer Blumenstrauß. Mit Hilfe des Klara-Wassers, gesegnet in Santa Chiara in Assisi, versuchen Menschen, die an Augenerkrankungen leiden, Heilung zu erfahren.

S wie Scholastica

Scholastika war des heiligen Benedikts Zwillingsschwester, sie wurde wie ihr Bruder um das Jahr 480 geboren. Schon früh trat sie dem Kloster Roccabotte bei Subiaco bei, ein Jahr später wechselte sie in ein anderes in der Nähe von Montecassino. Einmal im Jahr traf sie sich zu geistlichen Gesprächen mit Benedikt in der Nähe seines Mönchsklosters. Es war im Jahr 542, als Scholastica ihren Bruder anflehte, er möge doch noch drei Tage länger bei ihr bleiben, doch dieser lehnte ab. Da bat sie Gott um Hilfe. Und es gab einen Wolkenbruch, der Regen stürzte sintflutartig nieder, und Benedikt war gezwungen, drei Tage lang bei seiner Schwester zu bleiben. Am dritten Tag verstarb sie. Es heißt, Benedikt habe ihre Seele gesehen, die in Form einer weißen Taube Richtung Himmel flog – daher ist Scholastika auf den meisten Darstellungen mit weißer Taube zu sehen. Benedikt beerdigte seine Schwester in einem Grab, in dem er nach seinem Tod 547 ebenfalls beigesetzt wurde.

Umbrien ist ein Land voller Heiliger, voller Glaube – und Aberglaube. Neben tiefer Religiosität haben sich die Bewohner einen ebenfalls tiefverwurzelten Glauben an Übersinnliches bewahrt. Neben der Benedikt-Medaille findet in trauter Zweisamkeit auch ein Stück von der Nachbildung des Hornes eines Rindes in jeder Hosentasche, als Schlüsselanhänger, am Armband oder im Auto seinen Platz, das wirksamste Mittel gegen geballtes Unglück. Ist das Horn gerade nicht griffbereit, formt man bei unheilverheißenden Vorkommnissen mit den Fingern rasch ein *corno* – eine heidnische Tradition, die Schutz gegen Gefahren bringen soll. In beinahe jedem Dorf gibt es mindestens einen Priester und mindestens eine hauptberufliche Hexe, die ein geheimnisvolles Elixier brauen und ihre Opfer mit dem *malocchio*, dem bösen Blick, verfluchen kann. Der mit diesem Blick Bedachte kann erst von einer anderen Hexe befreit werden, die die besondere Gabe besitzt, den *malocchio* wieder wegzuzaubern. Und fast jeder Umbrer kennt mindestens eine Anti-*malocchio*-Anlaufstelle! In den kleinen Dingen des täglichen Leben zeigt sich eine fast kindlich naive Form des Aberglaubens. So bringt es Unglück, eine Straßenecke abzuschneiden; hat die bevorzugte Fußballmannschaft endlich ein Tor geschossen, bleibt jeder für einen Moment unbeweglich in genau der Position vor dem Fernseher sitzen, die er innehatte, als der Treffer fiel. Freitag der 17. gilt als großer Unglückstag, und auch der Anblick eines Leichenwagens verspricht nichts Gutes.

Nonne auf Zeit

Eine Klosterwoche

Immer mehr Klöster bieten Klosterurlaub für Manager und andere Gestreßte. Nicht die Art von günstiger Übernachtungsmöglichkeit, die *case religiose di ospitalità* in Assisi anbieten und wo die einzige Einschränkung darin besteht, daß nach 22 Uhr die Pforte dichtgemacht wird, nein, richtiges Klosterleben. Das volle Programm. Karg. Nüchtern. Schweigend. Das will ich ausprobieren.

Der erste Tag: Es ist still. Es ist dunkel. Es ist einsam. Die graumelierte Wolldecke kratzt an meinem Hals, die Pritsche in meiner kleinen Zelle ist steinhart. Ich habe Hunger, will den Pizzaservice anrufen, meinem Freund gute Nacht sagen, die Nachrichten sehen. Ich ziehe die Decke bis über beide Ohren, schließe die Augen. Ich mache eine Probewoche im Kloster. Freiwillig. Sieben Tage lang. Ohne Handy, ohne eigene Kleider, ohne Schminke, ohne Uhr. Während der sieben Tage wird nicht gesprochen, zu essen gibt es nur Reis. Irgendwann muß ich eingeschlafen sein, denn ich werde vom Klingeln einer Glocke geweckt. Durch den engen Fensterschlitz dringt kein Licht. Es muß noch früh sein, sehr früh. Nach einem Moment der Überwindung steigen mein innerer Schweinehund und ich von der Pritsche, der Steinboden ist eiskalt. Rasch schlüpfe ich in eine Kutte der Größe S, binde sie mit dem Strick zu und tapse ins Gemeinschaftsbad.

Bloß kaltes Wasser. Kein Duschgel, nicht mal Seife. Für heute reicht Katzenwäsche, beschließe ich. Mein Gesicht sieht ungewohnt aus ohne Make-up, aber selbst den roséschimmernden Lippenpflegestift mußte ich am Eingang abgeben. Und nun? Fragen gilt nicht, denn Sprechen ist nicht erlaubt. Ich folge einer Schar braungekutteter Gestalten in einen kleinen, dunklen Raum. Sie setzen sich auf den Boden, beten, meditieren. Man kann die Nonnen und Mönche auf Zeit leicht von den echten unterscheiden. Ihre Gesichter und Gesten verraten, daß es sich um gestreßte Manager, Werbeleute, Journalisten handelt, die schon alle Abenteuer unserer Zeit wie Heli-Ski, River-Rafting und Bungee-Jumping erfolgreich gemeistert haben, alle auf der Suche nach dem ultimativen Kick, kurz vor dem Burnout. Auf der Flucht vor und auf der Suche nach sich selbst.

Ich bin unruhig, nervös, zappelig. In meinen Kopf schießen Gedanken, von denen ich gar nicht wußte, daß sie überhaupt existieren. Keine Ahnung, wie lange wir da sitzen und vor uns hin denken. Schließlich ruft uns ein feines Glockenläuten in den Speisesaal. Wir sitzen auf Holzbänken an Holztischen und löffeln schweigend Reis mit Gemüse aus einer Holzschüssel. Dazu gibt es Wasser und Tee. Genauso sieht der Speiseplan am Abend aus, Reis mit Wasser, noch eine Meditationsrunde, dann wird geschlafen. Keine Ahnung, wie spät es ist, es dürfte höchstens Tagesschauzeit sein. Nie und nimmer kann ich jetzt schon ins Bett, außerdem knurrt mein Magen. Doch nach einer eiskalten Dusche schlafe ich so tief wie schon lange nicht mehr. Am nächsten

Tag entdecke ich den Klostergarten. Frisches Gemüse wird hier angebaut, und Kräuter. Ich setze mich zu einem Braungekutteten auf die kleine Holzbank, wir schweigen gemeinsam, beobachten die Sonne, wie sie langsam hinter einer Hügelkette versinkt. Ich sehe den Sonnenuntergang, spüre ihn. Es gibt nur ihn, den Duft von Basilikum und mich. Plötzlich fühle ich mich warm, weich, orange, unglaublich leicht.

Ein Tag vergeht wie der andere. Aufstehen, meditieren, Reis essen, meditieren, schlafen. Und mit jedem Tag werden die Gedanken klarer, die Sinne schärfer. Der letzte Morgen: Meine Klosterwoche ist vorbei. Irgendwie tut es mir leid. Ich fühle mich gut, so ruhig wie schon lange nicht mehr. Ich habe gelernt, die Vögel an ihrem Gezwitscher zu unterscheiden, den Geruch von frischem Basilikum zu genießen wie ein teures Parfüm, die Wassertropfen zu beobachten, wenn sie beim Blumengießen über die Blätter kullern. Ich habe eine Woche nicht gesprochen und gelernt, wieder richtig hinzuhören, habe drei Kilo abgenommen und – beinahe – die PIN-Nummer meines Handys vergessen.

Vorsicht: Staugefahr!

Unterwegs auf den »Hauptrennstrecken« in Assisi

»Meine Damen und Herren, bitte folgen Sie dem roten Regenschirm« – die Sonne strahlt vom blitzblauen umbrischen Himmel, der Schirm schützt nicht vor Regen, sondern vor dem Verlorengehen in den Menschenmassen, die sich durch Assisis enge Gäßchen drücken. Ein gemeinsames Ziel vor Augen: die San-Francesco-Basilica.

Der Luftraum auf dem Weg dorthin ist angefüllt von roten, grünen, gelbgepunkteten Regenschirmen, Fähnchen, Stöckchen, Schildern. Ich bin auf der Suche nach dem Geist des heiligen Franziskus, möchte ein Stück seines Zaubers einfangen. Und wo geht das besser als in Assisi, dachte ich.

»Sei du gesegnet von Gott, heilige Stadt; denn du wirst viele Seelen retten, und viele Diener Gottes werden in dir wohnen, und viele der deinen werden auserwählt ins ewige Leben« – dies waren die letzten Worte, die der sterbende Franziskus an seine Stadt richtete. Viel verändert hat sich seitdem nicht, außer daß die Bewohner von Assisi ihren Heiligen nicht mehr als verrückten Eigenbrötler sehen, sondern ihm zutiefst dankbar sind für den Wohlstand, der ihnen zuteil wurde. Assisi hat ausgesorgt, auf dem Weg zum Papst in Rom macht hier so ziemlich jeder gläubige Christ Station. Das ganze Jahr über Besucher, Andenken, Kitschhandel; Ordensleute sind nur noch vereinzelt auszumachen in der Pilgerschar. Jährlich kommen mehr Pilger in die Stadt als Umbrien Einwohner hat, als nationales Pilgerziel steht die Franziskus-Stadt auf Platz drei, dicht hinter Rom und Padua.

Der heilige Franziskus empfängt busweise, Seite an Seite schieben sie sich durch die engen Gassen, vor allem an Fest- und Feiertagen, kaufen Franziskus-Anhänger, Rosenkränze, Heiligenbilder auf Papier, auf Keramik, als Schlüsselanhänger, als Spaghettischüssel, als Blumenvase, sogar als Gartenzwerg. Die ganze Stadt ist ein heiliger Basar.

Alle Trampelpfade führen zu ihr, zur Basilika. Ich lasse meinem Herdentrieb freien Lauf, folge der Meute. Mit dem Bau wurde 1228 unter Papst Gregor IX. begonnen, einen Tag nach Franziskus' Heiligsprechung, zwei Jahre nach seinem Tod. Künstler wie Cimabue, Giotto, Pietro Lorenzetti und Simone Martini haben sie so üppig mit Fresken ausgestattet, daß sie nicht nur zum Ziel von Pilgern, sondern auch von Kunstfreunden aus aller Welt geworden ist. So reich an Geschichte, Kunstschätzen, Reliquien ist sie, daß man sie als das schönste Gebetshaus der Welt bezeichnet, hier finden Leben und Wunder des Heiligen zu neuem Erwachen – zumindest in den Fresken. Diese erzählen von Franziskus' Leben, nicht von Geburt an, sondern von seinem »neuen« Leben als Heiliger. Das berühmteste ist gleich am Eingang zu finden, es zeigt die Predigt des Heiligen zu den Vögeln: Als er zu ihnen spricht, reißen die Tiere die Schnäbel auf, recken die Hälse, die Flügel schlagen sie auf, beugen die Köpfe ehrfurchtsvoll zu Boden, bestätigen mit Bewegungen und Singen, daß sie Franziskus' Worte verstehen.

In der Kirche geht es zu wie in einem Taubenschlag. Ich lasse mir von einem Münzvideogerät vom Leben des Heiligen erzählen, verstehe aber nur die Hälfte; gegen die Geräuschkulisse kommt der Mann aus dem Automaten nicht an. Franziskanermönche machen Führungen in allen Sprachen der Welt, leuchten den Weg mit Taschenlampen – ach was, Scheinwerfern – in die geheimnisvolle Unterkirche mit den farbigen Fenstern und den mit Fresken bedeckten Wänden. Es dauert eine ganze Weile, bis sich das Auge an das Halbdunkel gewöhnt hat, man sollte öfter zurückkehren, weil das Licht nicht zu allen Tageszeiten gleich ist; das Querschiff des Eingangs hat am Morgen besseres Licht, das des Chores am Abend. Ich steige hinab in die Krypta mit dem Grab von Franziskus. Er war 1230 in aller Eile bestattet worden, da man den Raub der Reliquie befürchtete. Hinter Gittern ist der originale Steinsarg aufgebahrt. Ich stehe etwa in der sechsten Reihe, habe schwer damit zu kämpfen, nicht in die siebte Reihe abgedrängt zu werden, sehe eigentlich nur Haarschöpfe, blonde, dunkle, gelockte, gefärbte. Neben mir klingelt ein Handy. »Pronto ...« Der Franziskanermönch, der die Gruppe mit dem Handyman führt, steht neben mir, fängt meinen zweifelnden Blick auf. Wenn vor der steinernen Urne hinter dem Altar der Krypta ein Neugeborenes getauft wird, die Eltern Tränen der Rührung in den Augen haben, das Licht der Taufkerze flackert – das sind, so raunt er mir zu, die besinnlichen Momente in der Basilika.

Die Pilgerstätte war vom Erdbeben 1997 besonders betroffen, das Deckengewölbe der Oberkirche stürzte ein, die weltberühmten Fresken lagen in

Scherben – nicht wenige Menschen in Assisi vermuteten darin einen Fingerzeig von oben; hatte doch der Ordensgründer sein Leben unter das Gebot von Armut und Bescheidenheit gestellt. Im Grunde haßte ihn die purpur- und juwelenverwöhnte römische Kirche dafür. Es ist beinahe, als wollte man ihm mit dem Bau der prachtvollen Basilika zeigen: Auch du entkommst uns nicht. Wunderbarerweise blieb das Grab des heiligen Franziskus vom Erdbeben unversehrt. Runzelt Franziskus die Stirn, oder sieht er dem Trubel um seine Person mit fröhlichem Augenzwinkern zu – das ist hier die Frage. Wie auch immer, in Sisyphusarbeit und mit Hilfe modernster Computertechnik wurden die in Bruchteile zerfallenen Fresken wieder zusammengefügt, im November 1999 wird die Oberkirche eröffnet; die Pilger haben wieder freie Bahn.

Ich wechsle einem Pilger Geld für einen Beleuchtungsautomaten, der Rest seiner Truppe schließt sich an. Reichlich genervt, ohne Kleingeld und wenig berührt verlasse ich die Basilika. Goethe ging das Gedränge rund um die Basilika wohl auch auf den Geist, denn als der deutsche Dichterfürst auf seiner Italienreise 1786 auf dem Weg nach Rom in Assisi haltmachte, faszinierte ihn nicht Franziskus, sondern die Antike: »Die ungeheueren Substruktionen der babylonisch übereinander getürmten Kirchen, wo der heilige Franziskus ruht, ließ ich links mit Abneigung, denn ich dachte mir, daß darin die Köpfe so wie mein Hauptmannskopf gestempelt würden. Dann fragte ich einen hübschen Jungen nach der Maria della Minerva; er begleitete mich die Stadt hinauf, die an einen Berg gebaut ist.

Endlich gelangten wir in die eigentliche alte Stadt, und sieh, das löblichste Werk stand vor meinen Augen, das erste vollständige Denkmal der alten Zeit, das ich erblickte. Ein bescheidener Tempel, wie er sich für eine so kleine Stadt schickte, und doch so vollkommen, so schön gedacht, daß er überall glänzen würde ... An der Fassade konnte ich mich nicht satt sehen, wie genialisch konsequent hat auch hier der Künstler gehandelt ... was sich durch die Beschauung dieses Werks in mir entwickelt, ist nicht auszusprechen und wird ewig Früchte bringen.«

Der kleine Tempel, der wie ein Fremdkörper inmitten der mittelalterlichen Bauten steht, ist ausgesprochen sehenswert, bringt mich aber auch nicht näher zu Franziskus. Das älteste Gotteshaus in Assisi ist der Dom, über dem ein bäuerlicher Hauch hängt. Ein kleines Wunderwerk der umbrischen Romantik im Schatten der mächtigen Basilika, man weiß noch nicht einmal, wer den Fassadenschmuck geschaffen hat. Das Innere wirkt nüchtern, geradezu armselig verglichen mit der Basilika. Franziskus und Klara wurden hier getauft – im rechten Seitenschiff steht noch das Taufbecken –, hier hielt Franziskus Predigten. Für die Menschen von Assisi ist der Dom ihre Pfarrkirche geblieben; wenn sie ihren Franziskus treffen möchten, gehen sie in den Dom, nicht in die Basilika. Ich bin immer noch nicht fündig geworden.

Spurensuche macht hungrig. Ich gehe in das Restaurant Buca di San Francesco und bestelle *asce francescano*, einen im Trasimenischen See heimischen Fisch. Ob Franziskus hier mal gegessen hat? Ich frage den Wirt. »Mah no!« macht er empört, Francesco war doch Bettelmönch. Und warum dann der Name? Tja, klärt mich *il padrone* auf und grinst spitzbübisch, wäre Franziskus nicht Bettelmönch gewesen und wäre er heute noch am Leben, dann hätte er hier gespeist.

Vielleicht finden sich im Kloster Spuren? Doch selbst dort ist es nicht ganz einfach, dem Geist des Franziskus näherzukommen, wie ich nach ausführlichen Recherchen feststellen muß. Zehn Orden in Assisi nehmen Gäste auf, kalt, zugig und karg ist es nirgendwo mehr. Statt Wasser und Brot wird ein üppiges Mahl serviert, die meisten Klöster bieten Vollpension, hungern muß hier niemand mehr. Statt Zellen werden komfortable Zimmer mit Dusche und Bidet vergeben, statt Holzpritschen rückengerechte Betten aus dem Möbelhaus, auf die sogar unverheiratete Pärchen gemeinsam ihr Haupt betten dürfen, im Aufenthaltsraum flimmert der Fernseher.

Der letzte Versuch: Ich verlasse Assisis »Hauptrennstrecken« und gehe von der Porta dei Capuccini zum Eremo delle Carceri, der Einsiedelei, in die sich Franz oft zurückzog. Diesen Tip habe ich von einer freundlichen Nonne an einer Klosterrezeption – und von Heinrich Böll: »… die Stationen des heiligen Franziskus rings um die Stadt: Rivotorto, der Fingerhut Porziuncola, San Damiano und die Carceri: nach siebenhundert Jahren Pilgertum noch nicht verschlissen, noch immer von seinem Geist.« Und tatsächlich: Der Eremo ist eine kleine, grüne, besinnliche Oase in einem herrlichen Steineichenwald. Und, oh Wunder, ich habe einen ruhigen Moment erwischt. Die Ordensbrüder sind freundlich, gerne zeigen sie das Oratorium und die Grotte, mit der in den Fels geschlagenen Schlafstelle des Heiligen, wo er schlief, meditierte und betete; ein Rundgang verbindet die der Öffentlichkeit zugänglichen Räume. So viel los wie in Assisi ist hier nie, erzählen sie mir, den meisten Pilgern reicht ein Blick in die Basilika, eine angezündete Kerze und ein Gnadenbild, außerdem ist die Einsiedelei nicht mit öffentlichen Verkehrsmitteln zu erreichen. Kaum einer macht sich die Mühe, die gut drei Kilometer hierher zu spazieren. In der Mitte der Hof mit dem Brunnen, der der Legende nach erst Wasser führte, als Francesco ihn darum bat. Ein eigenartiger Zauber liegt über diesem Ort, die Welt entrückt, die Natur ganz nahe. Leicht verständlich, daß Franziskus hier inspiriert wurde zu seinem »Sonnengesang«, zu der Hymne auf Mutter Erde, Bruder Wasser, Schwester Sonne, die er dann im Kloster San Damiano zu Papier brachte. Drei Eremiten leben hier noch das ganze Jahr über, im Garten steht der Vogelbaum, eine uralte, knorrige, morsche Steineiche, die an die Predigt des Heiligen zu den Vögeln erinnert, über die Jahrhunderte liebevoll gepflegt. Und – so erzählen die Eremiten – hier haben sich doch tatsächlich ein paar weiße Tauben angesiedelt. An manchen Tagen sitzen die Vögel auf den Ästen, gerade so, als warteten sie auf die Predigt.

Nach dem Besuch in der Einsiedelei bin ich wieder so versöhnt mit Gott, der Welt und Franziskus, daß ich mir einen akkordeonspielenden Franziskanermönch auf einer Harley Davidson als Souvenir mit nach Hause nehme.

Ein Küßchen aus Perugia

Der »barista« und ich

Perugia. Corso Vanucci 32. Caffè Sandri, schräg gegenüber vom Palazzo dei Priori. Das traditionsreichste Kaffeehaus der Stadt. Deckenfresken aus der Jahrhundertwende, holzgeschnitzte Schränke, Mahagoniregale, Kronleuchter, Uraltregistrierkasse, Marmortheke, hinter Glasvitrinen Berge von Pralinen. Es riecht nach einem Hauch Vanille, Holzpoliermittel und frisch geröstetem Kaffee.

Samstag, 9.15 Uhr. Ich schiebe dem Barmann meinen *scontrino*, den Kassenzettel, den ich an der Kasse gelöst habe, über den Tresen und bestelle einen *cappuccino*. Er reißt den *scontrino* ein, bereitet meinen *cappuccino* zu und stellt ihn vor mich hin.

Sonntag, 9.18 Uhr. Heute herrscht Hochbetrieb. Die Kaffeetassen klappern unentwegt, die Kaffeemaschine zischt und dampft aus allen Öffnungen. Viele gutsituierte *perugiani* in auf Hochglanz polierten Designerschuhen nehmen einen schnellen *espresso*, während sie auf die kleinen, hübsch geschnürten, roséfarbenen Paketchen, außen mit Schleife, innen mit *dolci*, warten, die sie zum Mittagessen mit nach Hause bringen. Als ich endlich an der Reihe bin, schiebe ich dem Barmann meinen *scontrino* über den Tresen, er serviert mir den *cappuccino* mit dem Anflug eines feinen Lächelns.

Montag, 9.02 Uhr. Montag Ruhetag. Schade, ich nehme meinen *cappuccino* in einer anderen Bar. Neonschrift, kühles Design, kein poliertes Holz, kein netter Barmann. Ein muffiger, offensichtlich gestreßter Brillenträger, der die Tasse so dynamisch über den Tresen jagt, daß die Hälfte in der Untertasse landet.

Dienstag, 9.14 Uhr. Langsam, aber sicher kommen wir uns näher, der Barmann und ich. Woran ich das merke? Zu Beginn lag das Amarettoplätzchen zum *caffè* noch lieblos am Tellerrand, jetzt befindet es sich auf dem Kaffeelöffel. Zuerst schob er mir die Tasse einfach über den Tresen, jetzt achtet er darauf, daß sich der Griff der Tasse zu meiner Rechten befindet, wenn sie bei mir ankommt. Also, wenn das keine eindeutigen Sympathiebekundungen sind …

Mittwoch, 9.20 Uhr. Wirkt ein bißchen müde heute, mein Barmann. Ich erkundige mich nach seinem Befinden. Ahhh, macht er, er hat gestern abend ein wenig gelumpt. Ein Freund feierte seinen Geburtstag im Il Contrapunto, es gab *tagliatelle* mit Kürbissauce und Jazz bis spät in die Nacht. Jazz hat Tradition in Perugia, Mitte Juli findet das international bekannte Umbria Jazz Festival statt. Die ganze Stadt swingt, zehn Tage lang spielen Jazzgrößen aus aller Welt, von Miles Davis bis Count Basie kaum ein Jazzer, der hier noch nicht aufgetreten ist. Sieht eigentlich gar nicht nach Jazzfan aus, mein *barista*.

Donnerstag, 7 Uhr. Schlaflos in Perugia. Ich bin der erste Kunde. Der sonst so wuselige Corso Vanucci,

Perugias für den Autoverkehr gesperrte Promenade, ist noch menschenleer, mein *barista* hat gerade erst die Tür aufgeschlossen, die Kaffeemaschine in Gang gesetzt. Sie muß erst ein Weilchen laufen, ein paar Durchgänge im Leerlauf, *a vuoto* machen, ehe sie guten Kaffee bereiten kann. Dauert eine knappe Viertelstunde. Mach doch in der Zwischenzeit einen kleinen Spaziergang zur Terrasse der Biblioteca Augusta und sieh dir Perugia von oben an, schlägt er vor. Also spaziere ich Richtung Porta Sole über die steil ansteigende Via del Sole hinauf zu der Aussichtsterrasse. Ein guter Tip. Ich habe einen wunderschönen Blick auf die Hügel Perugias, ins Tibertal, bis nach Assisi. Der Hauch von Nebel, der gerade noch wie ein feiner Schleier über der Landschaft hing, macht langsam Platz für die Sonnenstrahlen, die rötlichen bis ockerwarmen Farben von Perugias Steinhäusern und Stadtpalazzi tauchen auf. Einer der Anblicke, die man am liebsten abspeichern möchte, um sie an tristen Grautagen wieder aufrufen zu können. Das Viertel auf dem Colle del Sole gehört zum ältesten Teil der Oberstadt, stille Winkel, verträumte Gäßchen, Mittelalteratmosphäre.

Der Corso Vanucci ist inzwischen aufgewacht, Holzkarren klappern über das Pflaster, Vespas knattern über den Corso, *signori* im eleganten Anzug, *signore* im knappen Kostüm eilen zur Arbeit, der Kioskbesitzer ordnet die Zeitungen ein, vor der Locanda della Posta schnallt ein Straßenmusikant seine Gitarre um. Ein japanischer Tourist versucht, die prachtvolle, gerade frisch renovierte Fontana Maggiore dort, wo der Corso zur Piazza IV. Novembre wird, ins rechte Licht zu rücken. Er nutzt die Gunst der frühen Stunde, da sich noch keine Bewunderer um die von Nicola und Giovanni Pisano aufwendig mit Reliefs und Statuen, biblischen und heidnischen Darstellungen gestaltete Brunnenanlage scharen. Ob er es schaffen wird, die monumentale dreistöckige Marmoranlage auf ein Foto zu bannen? Vielleicht mit einem neuartigen japanischen Kameramodell? Ein einheimischer Ingenieur hat das hydraulische System des Megabrunnens konstruiert. Damals eine erstaunliche technische Leistung. Vielleicht Querformat? Er entscheidet sich für einen Ausschnitt; für die Monatsdarstellungen, in denen die Beschäftigungen der Bauern und Landadligen geschildert werden. Die Bars stellen Tische auf, die Kaffeemaschine läuft, mein Barmann wartet schon, mein *cappuccino* ist fertig.

Freitag, 11.30 Uhr. Ich habe verschlafen. Mein Magen knurrt. Ich habe Hunger, studiere die *panini* und *tramezzini* in der Vitrine im *caffè*. Mein *barista* erkennt die Lage. Geh besser auf den Mercato Coperto, in die Markthallen, empfiehlt er mir. Hol dir dort ein *panino* mit *porchetta*, ein Stück Schweinebraten, gefüllt mit wildem Fenchel, Pfeffer und Knoblauch, gepackt in eine frische Semmel, und leg dich damit im Giardino Carducci ins Gras. Aber, er sieht mich ernst an, nicht die Tauben füttern! Kann bis zu 25 Euro Bußgeld kosten, warnt er. Kein Witz, Perugia hat ein echtes Taubenproblem. Die Tiere verkoten respektlos Plätze und historische Gemäuer. Man denkt über Sterilisation nach, über Taubenvertreibungssensoren, über C-Waffen. Also, Taubenkillen ist erlaubt, Taubenfüttern nicht! Ich genieße das perfekte Mittagspäuschen und das umbrische Fastfood. In dem kleinen Park am Ende des Corso Vanucci verbringen auch Studenten gerne ihre Zeit bis zur nächsten Vorlesung. Halten *siesta*, studieren Grammatik oder üben ihre Fingerfertigkeit. Perugia ist seit siebenhundert Jahren internationale Studentenstadt. Die Universität zählt zu den wichtigsten des Landes, Ausländer können sich an der Università per Stranieri einschreiben, die populärste und billigste Hochschule für alle, die Italienisch lernen wollen. Das ganze Jahr über werden Kurse über mehrere Monate angeboten. Achttausend junge Menschen aus mehr als hundertzwanzig Ländern studieren hier, zeitweise besteht ein Viertel der Bevölkerung Perugias aus Studenten, so etwas hält eine Stadt jung. Der Einwohnerzahl nach ist Perugia nicht einmal eine Großstadt, doch was das internationale Publikum, das Kunstprogramm und die Weltoffenheit angeht, steht die umbrische Hauptstadt Florenz und Bologna kaum nach. Ich habe Matteo kennengelernt. Drittes Semester. Kunststudent. Er hat den Tempio di San Angelo im Park gezeichnet und mir geschenkt. Die Zeichnung werde ich aufbewahren, vielleicht wird er ja mal richtig berühmt, Matteo aus Perugia …

Samstag, 8.02 Uhr. Er ist nicht nur einfach irgendein *barista*, sondern, wie er mir in einer vertraulichen Minute im gerade menschenleeren *caffè* verrät, ein geprüfter Kaffeekoster. Ein *barista* mit dem Zertifikat des Istituto Internazionale Assegiatori di Caffè. Neun Stunden dauert der Kaffeekosterkurs; wenn man die schriftliche und mündliche Prüfung erfolgreich absolviert hat – und nicht dem Koffeinschock erlegen ist –, darf man sich mit dieser Auszeichnung schmücken. Denn schließlich ist *caffè* nicht gleich *caffè*.

Leidenschaft glänzt in seinen Augen, als er sich über den Tresen beugt und über Kaffee doziert: der richtige muß einen dunkelbraun-kastanienfarbenen Ton haben, von kleinen rötlichen Schlieren durchzogen sein und ein klein wenig getigert aussehen. Es dürfen keine Luftbläschen darauf herumtanzen und auch keine weißen Streifen zu sehen sein, ebensowenig darf der Blick auf die Flüssigkeit darunter freigegeben sein. Sein Geschmack muß elegant, vornehm, lieblich und rein sein, samtig und weich, rund und fest, mit einem klitzekleinen Hauch von Schokolade und Toastbrot. So kompakt sollte die Oberfläche sein, daß sie sich auch nach dem Umrühren unverzüglich wieder zusammensetzt. Die Kaffeetasse muß lauwarm sein, den Zucker darf man nur ganz langsam hineingeben. Natürlich ist jeder Moment der beste, um einen guten *caffè* zu genießen, doch am allerbesten sind die Stunden zwischen 10 und 12 Uhr am Vormittag und 16 und 18 Uhr am Nachmittag.

Ich bin jetzt schon schwer beeindruckt, doch meine Nachhilfestunde geht noch weiter, mein Barmann ist nicht mehr zu bremsen. Um den richtigen *caffè* zuzubereiten, benötigt man fünf große Ms: *miscela, macchina,* die Kaffeemaschine, *macinadosatore,* die Kaffeemühle, *manutenzione,* die Pflege der Kaffeemaschine und *mano del barista,* das richtige Händchen des Barmannes. *Miscela* ist die Zusammensetzung des *caffè*. Umbrien bevorzugt den *caffè arabica*. Er hat einen nicht ganz so kräftigen Geschmack, nur eine geringe Menge an Koffein, so zwischen 1 und 1,7 %, und schmeckt nicht so bitter. Süditalien trinkt lieber die *qualità robusta* mit 2,4 bis 4,5 % Koffein. Ein *caffè* in Rom weckt den verschlafenen Geist also wesentlich effektiver als der in Perugia.

Aber auch die Röstung macht den Unterschied. Der Kaffee kommt grün, also ungeröstet bei den Kaffeemachern in Italien an (es gibt über 1600 davon). Die Röstung erfolgt unterschiedlich stark, je wärmer das Klima, desto intensiver. Den höchsten Röstfaktor hat Palermo, wo die Farbe des Kaffees fast pechschwarz sein muß, während der kleine Schwarze in Umbrien dicht, kräftig und cremig aus der Maschine zu kommen hat. Die Mischung stimmt, nun kommen wir zum nächsten Risikofaktor, der Kaffeemühle, deren Größe sich nach meteorologischen Bedingungen zu richten hat. Ist es feucht, braucht man eine große Maschine, bei trockenem Wetter eine kleinere. Jede Maschine zerkleinert Bohnen zu Pulver, doch auf den richtigen Durchmesser der Teilchen kommt es an. Nun zur Kaffeemaschine und deren Pflege. Wichtig bei der Wahl der Kaffeemaschine ist die Kraft der Pumpe, die Barmaschinen erreichen etwa neun Bar. Das Gewicht des Filters sollte möglichst gering sein, und die einfache Zerlegung der Maschine zwecks Reinigung ist ebenfalls ein entscheidender Faktor. Kaffee ist ein fetthaltiges Produkt; die Ablagerungen dieses Fetts müssen daher regelmäßig entfernt werden, sonst bekommt der *espresso* rasch einen ranzigen Geschmack. Das geht superschnell, es reicht ein

Tag, an dem die Maschine nicht gereinigt wird, und der *caffè* schmeckt wie Parmaschinken. Die Dosiermaschine spielt ebenfalls eine wichtige Rolle, sie bestimmt den Feinheitsgrad des *caffè*. Und schließlich kommt die alles entscheidende Hand des Barmanns ins Spiel, die den *caffè* mit minimalen, mit dem bloßen Auge kaum erkennbaren Schüttelbewegung in die vorgewärmte Tasse geben muß. Gutes Augenmaß ist notwendig, um die richtige Füllhöhe zu treffen. Das Istituto Nazionale Espresso Italiano, der nationale Espressoverband, hat sogar ein Gerät entwickelt, das in der Lage ist, an gewissen Parametern den richtigen *espresso* festzumachen und den guten vom schlechten zu unterscheiden. Unsinn? Von wegen. Für viele Restaurantbesitzer ist der *caffè* einer der wichtigsten Bestandteile des gesamten Menüs. Ein schlechter *espresso* am Ende eines Mittagessens kann die ganze gute Küche zunichte machen. In Italien gibt es übrigens noch heute ein einklagbares Recht auf den kleinen Schwarzen: Die staatlichen Angestellten dürfen während ihrer Arbeitszeit in eine Bar gehen, um einen *espresso* zu trinken. Ein Recht, das Anfang 1996 erneut vor einem Gericht bestätigt wurde.

Sonntag, 10 Uhr. Die Nachhilfestunde in Sachen Kaffee hat uns einander so richtig nahe gebracht, meinen Barmann und mich. Woran ich das merke? Anstelle des Amarettoplätzchens liegt ein Küßchen am Untertellerrand meines *cappuccino*. Ein kleiner, silbrig verpackter *bacio* von Perugina, eine nußgefüllte Schokopraline. Seit 1922 produziert die Süßwarenfabrik Perugina S. A. in der *periferia* von

Perugia Italiens liebstes Konfekt. Seit 1988 gehört die »Küßchen-Fabrik« dem Schweizer Nestlé-Konzern, Tausende von Arbeitsplätzen blieben auf der Strecke. Warum heißt Perugina Perugina und *bacio bacio*? Logisch, Perugina heißt Perugina, weil die Firma in Perugia ansässig ist? Falsch. Perugina nennt sich nach dem berühmtesten umbrischen Maler. Dieser wurde in der kleinen Stadt Città della Pieve geboren. Und ebendort befindet sich die engste Gasse Italiens, die Via Baciadonne. Die Via »Küß-die-Frauen«. Und damit wären wir bei den kleinen silbrig-blauen *baci*.

Montag, 9.15 Uhr. Montag Ruhetag, ich nehme meinen *cappuccino* in einer anderen Bar. Aber ich sehe und schmecke den Unterschied! Es fehlt der Tigerlook und der Hauch von Toastbrot. Seit unserem Plausch über Straßennamen nehme ich auch die in Perugia deutlicher war und stelle fest: Es ist die Stadt mit den zauberhaftesten Straßen. Entweder sie sind mit allerliebsten Adjektiven wie *benedetta*, *graziosa*, *bella*, *favorita* oder *armonica* (gesegnet, lieblich, schön, bevorzugt, harmonisch) bedacht, oder sie tragen Tier- und Pflanzennamen: *della tartaruga*, *dell'ulivo*, *del canarino* (der Schildkröte, des Ölbaums, des Kanarienvogels).

Dienstag, 11 Uhr. Nach dem Küßchen kam heute die Einladung zur *cena*, zum Abendessen. Leider muß ich ablehnen, meine Zeit in Perugia ist vorbei.

Der Traum vom Toskanaglück

Von Wunschvorstellungen und vom Ausverkauf in Umbrien

Haben wir ihn nicht schon alle geträumt, den Traum vom Häuschen in der Toskana? Auf der Terrasse des mit eigenen Händen restaurierten Natursteingehöfts mit Marmorböden und Holzbalkendecke, neben einer Armee von rotem und weißem Oleander in Terrakottatöpfen sitzen, den Duft von frischem Rosmarin in der Nase, selbstgebackenes Brot aus dem Holzofen vor sich, dazu saftigen Parmaschinken, eingelegte Oliven vom eigenen Olivenbaum, selbstgemachten goldgelben Wein vom Nachbarn im Glas, aus dem CD-Player singt Andrea Boccelli – so sieht das vollendete Glück aus. Doch leider haben sich schon zu viele diesen Traum verwirklicht. Die Toskana ist ausverkauft, Anwesen, die überhaupt noch zu haben sind, sind unerschwinglich teuer. Aber die Toskanafraktion gibt nicht auf. Langsam, aber sicher wirft sie ihre Netze in die Nachbarregion aus. Die Landschaft sieht ähnlich einladend aus, Wein und Oliven schmecken mindestens genauso gut, wenn nicht sogar noch besser, und der Oleander fühlt sich auch in umbrischen Tontöpfen wohl. Die Chancen für Zweitwohnsitzsuchende stehen (noch!) recht gut in der ohnehin recht dünnbesiedelten Region. Viele alte Gehöfte oder verfallene Weiler in landschaftlich reizvollen Gebieten wie der Valneria warten noch darauf, zu neuem Leben erweckt zu werden. In der Nachkriegszeit verließen viele Umbrer ihre Höfe und Häuschen auf dem Land oder in kleinen Städtchen und zogen auf der Suche nach Arbeit und Brot in die großen Städte. Denn auch die Umbrer träumen ihn, den Traum vom Häuschen – nur andersherum. Sie zieht es in die Städte. Sie wünschen sich schicke Eigentumswohnungen mit Ikea-Möbeln und Mikrowelle, am besten ohne Garten, denn der macht nur Arbeit. Dort, wo man nicht jeden kennt, der über die Piazza spaziert, dort, wo das Leben tobt. Vor allem die jungen Leute wollen raus aus der ländlichen Idylle, runter von den Traktoren, weg aus den Tälern, wo monatelang der Nebel hängt, dick wie Erbsensuppe, weg von Schafweiden, Hügelketten, Weinbergen, weg aus den Felsennestern, die so pittoresk anzusehen und so unpraktisch sind. Ohne Supermärkte, ohne Shoppingmöglichkeiten, ohne Internetcafés, ohne Arbeit, ohne Nachtleben. Wer auf die Piste will, muß lange Autofahrten nach Perugia oder Terni auf sich nehmen. Der Abend auf dem Land beginnt mit einer opulenten *cena*, geht weiter mit einem Kartenspiel vor dem Kamin und endet vor dem Fernseher. Jeder Abend ist der gleiche. Weg von dort, wo nicht einmal der Postbote mit Spannung erwartet wird, denn wer sollte auch schreiben. Weg von dort, wo einzig Hochzeiten und Todesfälle Abwechslung in die tägliche Routine bringen, und vielleicht ein Urlaub in Kuba oder in der Dominikanischen Republik, für den, der sich's leisten kann.

In dem Maße, in dem die Einwohnerzahl in den umbrischen Städten wächst, sinkt sie in den ländlichen Gebieten. Zurück bleiben verlassene Landsitze, dem Verfall preisgegeben. Dazu kommt die Rationalisierung der Landwirtschaft; die Gehöfte, die noch wirtschaften, benötigen kaum noch Arbeitskräfte. Auf dem Land leben heute kaum mehr zwanzig Prozent der umbrischen Bevölkerung. Die Städte dagegen boomen, die Industriestadt Terni beispielsweise verbuchte zwischen 1960 und 1984 einen Zuwachs von rund 145.000 Menschen – vor allem junge Leute. Die älteren bleiben zurück in den Dörfern – keine gesunde Entwicklung. Der Anteil der Landwirte ist in den letzten Jahren von sechzig auf zehn Prozent zurückgegangen, der Berufswunsch Bauer steht nicht mehr weit oben auf der Liste. Stetig im Steigen begriffen dagegen ist der Anteil der »Ausländer« in Umbrien. Die größte Gruppe der Zugereisten bilden die Römer. Latium liegt nur einen Katzensprung von Umbrien entfernt, und viele des Großstadtlebens und -lärms überdrüssige Römer verlegen wenigstens ihren Zweitwohnsitz in die grüne Nachbarregion. Umbrischer Landwohnsitz nennt sich das dann. Interessanterweise streben die zivilisationsmüden Zuzügler und Aussteiger auf der Suche nach Abstand und Einsamkeit dann doch immer wieder in die gleichen Ecken, meist dorthin, wo sich bereits eine größere Zahl Gleichgesinnter und tunlichst auch Gleichsprachiger aufhält. Eine besonders hohe römische Konzentration beispielsweise ist um Todi zu beobachten. Todi ist ja auch ausgesprochen hübsch. Es liegt hoch oben auf einem Hügel, zu seinen Füßen schlängelt sich der Tiber durch welliges Hügelland. Und so bevorzugen auch immer mehr amerikanische Zweitwohnsitzer das beschauliche Todi über dem Tibertal, immer mehr Liebhaber siedeln sich im historischen Zentrum und auf den Hügeln der Umgebung an. In den Cafés auf der Piazza del Popolo, die, umgeben von altehrwürdigen mittelalterlichen Bauten, der Kathedrale mit filmreifer Freitreppe, zu den schönsten im ganzen Land gehört, wird inzwischen ebensooft *caffè americano* bestellt wie *cappuccino*. Sie ahnten es alle, doch sie bekamen es auch noch schwarz auf weiß: Urbanistik-Professor Richard Levien von der Kentucky University bescheinigte Todi 1991, es biete den Bewohnern die höchste Lebensqualität nicht nur in Umbrien, sondern gleich auf der ganzen Welt. Das Klima des 18.000-Einwohner-Städtchens sei ideal, die Größe optimal und das Verhältnis zum agrarisch geprägten Umland vorbildlich. Todi sei das Stadtmodell der Zukunft. Eines jedenfalls hat Levien mit seiner Studie geschafft: Wer bisher nicht genau wußte, an welcher Stelle der Landkarte er nach Umbrien hätte suchen müssen, wußte nun, es liegt in Italien. Und als dann auch noch bekannt wurde, daß die Umbrer im Durchschnitt ein höheres Alter erreichen als die Italiener in den anderen Regionen, gab es gar kein Halten mehr …

Engländer sind in größerer Anzahl rund um den Trasimenischen See auszumachen, gleichmäßig überall verteilt wohnt die deutschsprachige Toskanafraktion, die auf Umbrien ausgewichen ist. Und so folgt auch die Entwicklung jener, wie sie bereits in der Toskana zu beobachten gewesen war: Zunächst ist die Freude über die Neuankömmlinge groß. Die Wirtschaft wird angekurbelt, die Besitzer von Bauunternehmen, Handwerks- und Möbelläden, Pflanzen- und Feinkostgeschäften reiben sich in Erwartung neuer Kunden freudig die Hände, der Bäcker schiebt eine Lage *panini* mehr in den Ofen. Interessiert beäugen die Nachbarn die Neuankömmlinge; endlich mal was los in ihrer ländlichen Idylle. Aber seien wir doch ehrlich; in den seltensten Fälle gelingt die Integration. Irgendwann steigt die Sehnsucht hoch nach Schwarzbrot, nach der Kommunikation in der eigenen Sprache, sogar nach richtig anständigem Schmuddelwetter. Einen Kompromiß versuchte man bei Città della Pieve: Deutsche Kinder erhielten deutschsprachigen Unterricht in der italienischen Dorfschule. Der Versuch scheiterte. Die deutsche Sprache allein heilt eben noch kein Heimweh. Aber nicht nur deutschsprachige Neuankömmlinge bleiben oft Fremde. Ferruccio Lamborghini, Rennwagenchef und Traktorenfürst aus der Emilia Romagna, erstand in den siebziger Jahren ein Landgut am Trasimenischen See. Auf La Fiorita, südlich von Castiglione del Lago, widmete er sich auf 75 Hektar Rebfläche dem Anbau seines Rotweines Sangue di Miura und seines Madonnadel-Busso-Weißweines, dem Maisanbau, der Vermittlung von *agriturismo de luxe*, seinen Gästen, seinen Traktoren, seinen Privatflugzeugen. Dafür legte er sogar eigens eine Landebahn an. Der Umtrieb und Motorenlärm auf dem Grundstück des neuen Nachbarn wurde den Einheimischen bald zuviel, jahrzehntelang tobte ein Kleinkrieg am Seeufer, der erst mit Lamborghinis Tod im Jahre 1993 endete.

Ein Integrationsprogramm ganz anderer Art läuft noch in Alcatraz, einer kleinen Siedlung hoch oben in den Bergen von Santa Cristina zwischen Perugia und Gubbio. Jacopo Fo, Sohn des Literaturnobelpreisträgers Dario Fo, gründete hier auf einem dreihundert Hektar großen Gelände 1980 eine »freie Universität«, einer Art Akademie, die Kurse anbietet, an denen teilnehmen kann, wer mag. Angeboten wird so ziemlich alles, von Thailändischer Massage über Comiczeichnen bis zu mediterraner Kochkunst, Theatertherapie und Englisch. Die Kursteilnehmer aus aller Welt leben in Bungalows und Miniappartements, die Küche kocht biologisch. Umbrienleben light läßt sich auch im Convento di Bovara erleben. In den Konventsräumen des ehemaligen Klosters San Pietro ist ein Seminarzentrum eingerichtet, in dem Lektoren der Ausländeruniversität von Perugia Kunstgeschichte, Töpfern, Malen, Weben und Kochen unterrichten.

Aber es geht auch anders. Wie das Beispiel von Frau W. aus Rosenheim zeigt. Frau W. und ihr Mann, der Anwalt ist, führten ein ganz normales Leben nebeneinander her in der kleinen oberbayerischen Stadt. Sie muß einmal eine sehr attraktive Frau gewesen sein, doch mit den Jahren hatte sich ein verbitterter, griesgrämiger Ausdruck in ihr Gesicht geschlichen. Irgendwann bekam ihr Mann von einem Klienten ein Häuschen in einem winzigen umbrischen Nest zum Kauf angeboten. Der Preis war gut, Herr W. schlug zu. Frau W. fuhr hinunter, um das Häuschen in Augenschein zu nehmen, um es einzurichten, sie verbrachte immer mehr Zeit in Umbrien. Verliebte sich in das herrliche Licht, die großartigen Farben, begann zu malen. Gleichzeitig paukte sie eifrig Italienisch, verwöhnte das Dorf mit selbstgebackenem Marmorkuchen, schloß Freundschaft mit allen und mit Ambrogio von nebenan. Ein paar Jahre später erst habe ich sie wiedergesehen, bei einer Ausstellung ihrer Bilder in Rosenheim. Eine ganz neue Frau: freundlich, aufgeschlossen, herzlich, der bittere Zug in ihrem Gesicht verschwunden, tailliertes Bouclé-Kostüm, sonnengelborange, kniekurz – früher hatte sie nur Faltenröcke in Grau und Beige getragen.

Heute ist ein trüber, bitterkalter Januartag in Rosenheim. Schmutzige Schneehäufchen und Menschen mit dicken Mützen über den Ohren bestimmen das Straßenbild. Gerade habe ich mit Frau W. in Umbrien telefoniert. Sie sitzt auf der Bank vor ihrem Häuschen, die Sonne scheint, Vögel untersuchen zwitschernd die Äste der Bäume nach den ersten Knospen, man spürt schon den Frühling in seinen zaghaften Anfängen. Sie ist bei Ambrogio eingeladen, er feiert seinen Geburtstag mit einer *palomba alla ghiotta*, einer am Spieß gebratenen, mit einer Schinkenscheibe bedeckten Wildtaube, und sie strahlt sogar durch den Telefonhörer. Es sind Geschichten wie diese, die Lust auf das *dolce vita* im Süden machen. Und so wird er weitergeträumt, der Traum vom eigenen Häuschen in Italien, und immer mehr Menschen kommen nach Umbrien. Die Fremden kaufen sich in Städten und Dörfern ein, treiben die Preise in die Höhe, vertreiben die Einheimischen, die bei diesem Spiel nicht mitbieten können. Setzt sich die Entwicklung so fort, wird es in ein paar Jahren heißen: Umbrien ist ausverkauft, die Preise erreichen astronomische Höhen. So geschehen schon in der Gegend um Todi. Langsam, aber sicher werfen die Träumer ihre Netze in die Nachbarregion aus. *Attenzione*, Marken!

In vino veritas – und jede Menge Arbeit

Ernesto und seine Weinkellerei

Ernesto mustert meine Füße, die in dunkelblauen, hochhackigen Lederpumps stecken. »36?«

Nie im Leben. »39!« Ernesto versteht wohl von Trauben und Wein mehr als von Damenfüßen. Er gibt mir ein Paar dicke, dunkelbraune Schnürstiefel mit erdverkrusteter Sohle Größe 41 und ein Paar dicke Socken. Meine Jeans läßt er als Erntekleidung gerade so durchgehen, über meine hellblaue Bluse muß ich eine dunkelgrüne, wetterfeste Jacke ziehen. Ernesto mit dem olivbraunen, wettergegerbten Gesicht, den lustigen, kohlrabenschwarzen Augen und der dunkelbraunen Haarpracht, um die ihn jeder nordeuropäische Mann in seinem Alter beneiden würde, ist Hobbywinzer. In der Hügellandschaft bei Montefalcone besitzt seine Familie seit Generationen ein kleines zauberhaftes Weingut. Die Weinstöcke klettern steile, unwegsame Hügel hinauf. Produziert wird für den Eigenverbrauch, nur die besten Freunde bekommen ein Schlückchen ab. Ich habe versprochen, ihm heute bei der Traubenernte zu helfen und bekomme dafür ein Nachhilfestündchen in Sachen Weinanbau.

Die Sonne strahlt vom azurblauen Himmel, ein leichtes Lüftchen huscht durch meine Haare, ein süßlicher Traubenduft liegt in der Luft.

Ernesto knackt eine Weintraube von der Rebe, »Siehst du, so muß ein Träubchen aussehen«, erklärt er mir und streichelt so vorsichtig über die hellgrüne Schale, als wäre es das Köpfchen eines Neugeborenen.

»Koste«, er hält mir sein Träubchen hin. »Diesen Geschmack«, er hält einen Moment inne, fährt dann mit einer dieser gewaltigen Handbewegungen fort, wie sie nur die Italiener können, »dieses Traubenbukett, das mußt du nachher im Wein wiederfinden.«

Bis er von seinen Rebstöcken endlich Trauben ernten kann, muß er hart arbeiten. Zwar ist er inzwischen schon lange nicht mehr per pedes, sondern, wo es geht, mit einem kleinen Traktor unterwegs, doch auch das ist keine reine Spazierfahrt. Der Weinanbau beginnt mit dem Rebensetzen, mit dem Spannen von Drähten und Pfählen, ohne die sich die Weinreben zu wild wuchernden Schlingpflanzen auswachsen würden.

Hängen endlich die richtigen Träubchen an den Reben, dann müssen sie gehütet werden vor freßlustigen Schädlingen und gegen den Frost beschützt werden. Gute drei Jahre dauert es nach dem Pflanzen, bis die Reben einen vollen Ertrag bringen. Damit sie das tun, müssen sie regelmäßig geschnitten werden.

»Wenn ich schneide, habe ich schon den Geschmack des Weines im Kopf«, erklärt Ernesto.

Viele seiner Kollegen benutzen inzwischen einen Traubenvollernter, doch so was lehnt Ernesto ab. Die Maschine nimmt alles mit, sagt er, gesunde, kranke, reife, unreife, wirft alle Trauben in einen Topf. »Die Romantik der Traubenlese besteht doch darin, differenziert zu lesen«, erklärt Ernesto, sortiert ein paar Handvoll Trauben aus meinem Eimer, pfeffert sie in die Weinberge, »und die Qualität eben auch.«

Nach der Ernte werden die Früchte zwischen zwei Walzen gequetscht oder gemahlen. Nach dem Mahlvorgang ist aus den Trauben Maische geworden. Moderne Keltersysteme können bis zu fünfzig Tonnen Trauben in einer Stunde verarbeiten. Ernesto allerdings tritt die Trauben noch ganz old-fashioned mit den Füßen. Er schüttet die Ernte in einen Trog und tritt sie mit bloßen Füßen aus, so wie man es aus alten italienischen Filmen kennt. Durch eine Abflußrinne fließt der Saft in ein darunter gestelltes Gefäß.

Dann ist der Gärungsprozeß an der Reihe, der von den Hefepilzen verursacht wird. Diese erzeugen Enzyme, die den Zucker des Traubensaftes in Alkohol und Kohlendioxid verwandeln. Dabei entsteht aus einem Gramm Zucker ein halbes Gramm Alkohol und ein halbes Gramm Kohlendioxid. Das bei der Gärung entstehende Kohlendioxid muß laufend abgesaugt werden, sonst gibt es Todesfälle im Keller. Ernesto hält beim Betreten des Gärkellers eine brennende Kerze in Bauchhöhe vor sich. Geht sie aus, besteht Lebensgefahr und er muß den Keller schleunigst verlassen. Vier Wochen nach Beendigung der Gärung erfolgt der erste Abstich, man entfernt das Hefesediment, das sich am Boden des Fasses abgesetzt hat.

Das Holzfaß aus Eichenholz gehört der Vergangenheit an, der Wein von heute lagert in einem Stahltank. Ernesto erzählt von einem Kollegen, dem Besitzer eines riesigen Weingutes, der die Besucher an einer Reihe von Holzfässern vorbeiführt – im verschlossenen Nebenraum sind die Stahlriesen versteckt. Die alten Fässer sind voller Bakterien und machen den Wein krank.

Lediglich Barrique-Fässer wären akzeptabel, doch die kosten bis zu tausend Dollar pro Stück – unerschwinglich für Hobbywinzer.

Nach Beendigung des Ausbaus wird der Wein in Flaschen gefüllt, und dann lagert er vor sich hin. Ernsto läßt seinem Wein viel Zeit. »Er sagt mir, wann er raus will.«

»Je älter desto besser«, sage ich fachkundig.

»Ein guter Wein ist immer gut, von der Jugend bis ins Rentenalter«, korrigiert Ernesto.

Während Ernesto erzählt, haben wir fleißig in unsere dunkelgrünen Plastikeimer geerntet, die wir nun in eine Tragebutte kippen. Ernesto hievt das Ding, fast so groß wie er selbst, auf seinen Rücken. Vierzig Kilo wiegt so eine volle Butte, ich habe ein wenig Angst, daß er vornüberkippt …

Ernesto marschiert zu dem kleinen, grünen Wagen am Wegrand, steigt auf eine schon etwas rostige Leiter und kippt die Ernte in den Wagen. Ich strecke meine armen strapazierten Glieder. Mein Rücken tut weh, im rechten Arm kündigt sich Muskelkater an. »Brava!« lobt Ernesto meinen Einsatz. Wir setzen uns in den Wagen und tuckern zum Haus.

Nach getaner Arbeit ist gut Wein kosten. Wir sitzen in Ernestos gemütlichem Weinkeller an einem langen dunklen Eichenholztisch und schnüffeln an den vollen Gläsern. Ernestos Wein ist ein *nostrano*, ein »Unsriger«, kein Spitzenwein mit Label, ein schlichter Wein des Landes.

»Wein ist etwas Lebendiges, ich lebe mit ihm, am Weinberg, im Weinkeller«, philosophiert Ernesto. Er nimmt einen Schluck. »Die Persönlichkeit des Winzers spiegelt sich in jedem Wein. Der Wein ist meine große Liebe!« schwärmt er. Seine Frau Luisa kommt zur Tür herein, sie hat ein großes Tablett mit *antipasti, salame* und frischem Weißbrot dabei.

»An erster Stelle kommt natürlich meine Frau«, korrigiert Ernesto flugs. »Dann der Wein, dann das Essen von Luisa.«

Der Salamiduft schleicht sich in meine Nase, mein Magen knurrt, Weinlese macht hungrig. »Prego!« fordert mich Luisa auf. Ich packe mir ein dickes Stück Brot und eine Scheibe Salami.

Ernesto ist noch im Wein versunken, er schüttelt sein Glas, daß die rote Flüssigkeit tanzt wie eine Primaballerina. »Der Wein ist ein Geschichtenerzähler«, schwärmt er weiter. Man merkt, er ist in seinem Element, er liebt, was er tut. »Jeder erzählt seine eigene Geschichte.«

Ich höre genau hin, sehe ganz tief hinein, beobachte konzentriert jede Bewegung, mein Glas jedoch schweigt beharrlich – aber ich wette, mein Rücken wird mir morgen ein paar höchst interessante Geschichten erzählen …

Apropos Geschichten, eine weinselige zum Schluß: Es war einmal ein deutscher Bischof, der den guten Tropfen sehr zugetan war.

Vor einer Romreise beauftragte er seinen vorausgeschickten Diener, in jedem Nachtquartier den örtlichen Wein zu kosten und sein positives Urteil mit einem »Est« an die Haustür zu schreiben. Der

Diener kam nach Montefiascone, probierte den goldgelben Wein aus Moscato-Trauben und war hellauf entzückt. An der Haustür verlieh er seiner Begeisterung mit einem »Est-Est-Est« Ausdruck. Der Bischof folgte, trank und bestätigte des Dieners Urteil. Und dann soll er sich an dem süffigen Muskateller von Montefiascone zu Tode gesoffen haben, was sogar auf seinem Grab vermerkt steht.

Ganz so intensiv wie der weinliebhabende Bischof sollte man die umbrischen Weine nun nicht gerade kosten, doch ein Probeschlückchen müßte schon drin sein. Umbrien ist das qualitative Zentrum des Weinanbaus Mittelitaliens. Der bekannteste ist der Orvieto, der rund um die auf Tuffsteinfelsen gelegene Stadt auf wärmespeichernden Tuffböden wächst, er ist Umbriens größter Exportwein, steht in jeder Pizzeria auf der Getränkekarte. Es gibt ihn trocken, *secco,* oder lieblich, *amabile,* aus dem Bouquet edelfauler Trebbiano-Beeren, oder als leicht süß, *abbocato,* zum Dessert. Die gehobenere Version des vielkonsumierten Weißweins ist der Orvieto Classico, nur in einem begrenzten Anbaugebiet darf er sich so nennen. Wer Weinshopping betreiben möchte, tut gut daran, auf den Zusatz »classico« zu achten.

Was des Bischofs Vorkoster wohl an die Tür der Lungarotti in Torgiano, Umbriens Weinhochburg, geschrieben hätte? Vielleicht »Est!!!«? Die Winzerfamilie produziert Umbriens bekannteste DOC- und DOCG-Tropfen, allen voran den tiefroten Torgiano-Rubesco und den weißen Torre di Giano, und hält fest die Zügel in der Hand in dem Fünftausend-Seelen-Dörfchen südlich von Perugia. Neben dem

Weingut mit zweihundert Hektar Rebfläche rund um Torgiano hat sich die Familie ein über die Grenzen Umbriens hinaus bekanntes Weinmuseum eingerichtet. Zwanzig Ausstellungsräume voller weinseliger Erinnerungen, von Winzergeräten bis hin zu antiken Weinamphoren, vom Wein in der Heilkunde bis zum Wein in der Mythologie. Am Ende folgt – gegen Extrabezahlung – die Weinprobe, natürlich von Lungarotti-Weinen. Und wenn die *degustazione* allzu intensiv ausfällt, dann kann man sich im Luxushotel Tre Vaselle erholen. Nicht schwer zu erraten, wem das Hotel gehört …

Die »Goldsucher« mit der kalten Schnauze

Trüffelhunde auf Spurensuche

Berlusconis Herrchen Franco ist stolz wie Oskar. Sein Hund wurde auf der Trüffelmesse in Gubbio zum besten Trüffelhund des Jahres gewählt. Eigentlich kein Wunder, bei der Familie: Die Promenadenmischung Berlusconi – er muß einen Irish Setter in seinem Stammbaum haben, ein Schäferhund könnte ebenfalls mitgemischt haben – stammt aus einer Familie von Trüffelhunden. Seine Vorfahren haben sogar die Universität besucht – die berühmte Uni für Trüffelsuchhunde in Roddi, die auf dem Weg von Alba nach Verduno lag. Bis 1960 war die Stadt im Piemont Universtätsstadt! Die Uni wurde 1880 von einem Trüffelsucher gegründet, Dutzende von Mischlingshunden ließen sich hier zu »Goldsuchern« ausbilden. Ungünstigerweise lag die Unileitung in Familienbesitz, als die Dozentenfamilie 1960 ausstarb, wurde das Lehrinstitut geschlossen.

Franco taufte den munteren Mischling nach dem amtierenden italienischen Ministerpräsidenten, weil der auch nicht eher lockerließ, bis er am Ziel war. Jetzt trägt Berlusconi eine rot-goldene Schleife, Herrchen die Urkunde. Sein Schatzsucher ist nun Gold wert. Er hat seinen vierbeinigen Freund, dem der Unibesuch wegen Schulschließung verwahrt blieb, selbst auf Trüffeln abgerichtet, bis zu fünftausend Euro hatte man ihm schon vor der Preisverleihung für Berlusconi geboten.

Trüffelhund? War nicht immer das Schwein im Unterholz in Sachen Trüffel unterwegs, mag der informierte Leser überlegen. Schwein ist out. Die rosa Tierchen wittern die Knollen im Erdreich zwar besser, denn der ausströmende Duft ähnelt ihren Sexuallockstoffen, doch sie zerwühlen das Erdreich zu sehr, zerstören dabei die Pilzkulturen und wurden bisweilen auch beim Naschen erwischt. Außerdem ermüden die Tiere mit den kurzen Beinen ziemlich schnell, und dann war es auf Dauer doch etwas zu umständlich, sie in die Wälder zu transportieren. Daher werden in Umbrien keine Schweine mehr eingesetzt. Die meisten Trüffelhunde sind mit anderen Jagdhunden gekreuzte Setter, die ab einem Alter von sechs Monaten ausgebildet werden. Nicht alle Trüffelhunde haben es so gut wie Berlusconi. Immer wieder machen Geschichten von Tieren die Runde, die zur Trüffelzeit hungern müssen, um durch die Aussicht auf einen Happen Eßbares als Belohnung für den Trüffelfund ambitionierter zu schnuppern.

Es ist zwei Tage vor Vollmond. Die beste Trüffelsuchzeit. Ein *tartufaio* arbeitet mit dem Mondkalender. Heute begleite ich *tartufaio* Franco und Berlusconi bei der Trüffelsuche. In aller Herrgottsfrühe stiefeln wir irgendwo bei Spoleto durch dichte Eichenwälder. Ich bin müde, es ist zapfig kühl und Trüffeln können mir im Moment gestohlen bleiben. Ein anständiger *cappuccino* mit Erbeermarmeladecroissant wären mir weitaus lieber als ein wie auch immer geartetes Knollengericht. Franco dagegen ist schon taufrisch und voller Tatendrang, Berlusconi schwänzelt mir zwischen die Beine, freut sich wohl über die ungewohnte Gesellschaft. Während ich verschlafen durch das Unterholz tapse, zieht Franco eine Trüffel aus seinem Rucksack. Er hat sie für mich zu Demonstrationszwecken mitgebracht. Damit ich nicht versehentlich Steinpilze einsammle ... Potthäßlich sieht die Knolle aus, mit runzliger Rinde, winzig kleinen Warzen und violettem Fleisch, von weißen Äderchen durchzogen. Und obendrein ist sie ein Schmarotzer, der an den Wurzeln von Steineichen und Kastanien wächst? Ihhh! Franco läßt mich an dem Pilz schnuppern. Ich schließe die Augen, atme den Duft tief in mich hinein. Riecht ein bißchen nach Erde und ziemlich nach Knoblauch.

Zehn Trüffelsorten wachsen in Umbrien, acht schwarze und zwei weiße. Doch das größte Geschäft dreht sich um drei von ihnen, die wertvolle innen und außen dunkle Wintertrüffel, die vorwiegend rund um Norcia wächst und deswegen auch *tartufo nero di Norcia* heißt, die nicht ganz so wertvolle, weil häufiger vorkommende schwarze Sommertrüffel oder *scorzone* und die weiße Wintertrüffel, *tuber magnatum,* der Topstar unter den Knollen. Sie gedeiht vor allem bei Gubbio und Orvieto tiefer unter der Erde als die anderen Arten und ist somit auch schwerer zu entdecken. Ende Oktober bis Ende November herrscht Hochkonjunktur, in den Trüffelstädten wetteifern die Köche um das beste Trüffelgericht, das mit der goldenen Trüffel ausgezeichnet wird.

Der *tartufaio* macht sich in aller Herrgottsfrühe mit seinem Hund in den Wald auf und sucht seine Plätze ab – Trüffeln wachsen meist jahrelang an den gleichen Orten. Der Beruf des Trüffelsuchers ist alt und angesehen und erfordert vorzügliche Kenntnisse der heimischen Wälder und Fundorte. Es gibt Experten, die nach jahrelanger Übung eine so feine Nase haben, daß sie den charakteristischen Geruch mit ihrem Riechorgan wahrnehmen. Jeder *tartufaio* hat seine eigenen Plätze, hütet sie wie ein Geheimnis und verrät sie höchstens seinen Nachkommen – und dann auch nur im Testament.

Der begehrte Pilz wächst wenige Zentimeter unter der Erde, bevorzugt in Höhen von 250 bis 1000 Metern auf kalkhaltigen Böden mit dicker Humusschicht. Nur unter bestimmten Baumarten ist er zu finden, von diesen holt er sich organische Substanzen, da er wie alle Pilze selbst kein Cholorophyll erzeugt. Je nach Baum ändert er seine Beschaffenheit. Trüffeln lieben Eichen, darunter werden sie braun mit starkem Aroma, die wertvollsten entwickeln unter Linden eine goldgelbe Farbe und ein Superaroma. Haselnuß- bis orangengroß werden sie normalerweise und bilden einen fast grasfreien Ring. Sie dürfen nur zwischen dem 1. Dezember und dem 15. März gesammelt werden, und nur tagsüber. Bei nächtlicher Trüffelernte wäre die Gefahr zu groß, die Wurzeln der Pflanzen zu beschädigen, an denen das wertvolle Gut wächst.

Die Hunde erschnüffeln das starke Aroma der Knollen, graben sie aus und übergeben sie gegen Belohnung an ihr Herrchen. Wer jetzt denkt, da nehme ich mir doch meinen Dackel und mache mich auf den Weg, der sei gewarnt. Allerorts in den Wäldern stehen Schilder »Raccolta dei tartufi riservata!«, denn auf die Suche nach Trüffeln dürfen sich nur Sucher mit Berechtigungschein machen, über zehntausend Berechtigungsscheine sind im Moment im Umlauf. Wer unbedingt selbst mal das umbrische Unterholz durchschnüffeln möchte, kann eine Tour buchen, die viele Agriturismo-Betriebe und der Fremdenverkehrsverein anbieten.

Berlusconi, der zuerst noch kreuz und quer durch die Bäume gesprungen war, scheint auf einmal etwas gewittert zu haben, auch Franco wird aufmerksam. »Vai, Berlusconi«, feuert er ihn an. Berlusconi schnuppert konzentriert auf dem Waldboden herum und will dann mit dem Graben beginnen. »Vieni qua«, ordert ihn Franco zurück und belohnt den folgsamen Hund mit einem trockenen Hundekeks. Nicht gerade ein fürstlicher Lohn für den wertvollen Fund …

Berlusconi sieht mich an, als könne er meine Gedanken lesen. Ich wette, ihm wäre ein anständiger Knochen lieber.

Franco zieht nun aus seinem Rucksack eine Art Spaten, eine Trüffelschaufel, die *vanghetto* heißt. Ganz vorsichtig wühlt er die Erde um den Fund noch etwas auf und schält dann die Knolle behutsam mit den Händen aus dem Boden.

Ein wenig Trüffelkunde: Schon die alten Griechen speisten gerne Trüffel, die Römer schätzten vor allem ihre angeblich aphrodisierende Wirkung, allerdings bevorzugten sie afrikanische Knollen. Von Apicius, einem römischen Koch und Verfasser des bedeutendsten Kochbuchs in lateinischer Sprache, sind Trüffelrezepte überliefert. Im Mittelalter geriet der Edelpilz ein wenig in Vergessenheit, Trüffeln galten als sündiges Lebensmittel, das man höchstens noch als Medizin benutzen durfte. In der Renaissance feierte der Pilz sein Comeback. Adelsfamilien aus Venedig ließen sich ihre Trüffel direkt aus Gubbio schicken, Trüffeln gehörten auf jede Tafel. Lucrezia Borgia, die 1499 als päpstliche Regentin zwei Monate in Spoleto herrschte – ihr Vater Papst Alexander VI. hatte sie hierher geschickt, um sie von ihrem Gemahl Alfons von Aragon fernzuhalten –, liebte die Edelknolle. Im 19. Jahrhundert waren Trüffeln das Symbol für kulinarische Raffinesse und Luxus, und auch Napoleon soll ein wahrer Fan gewesen sein. Die Königin der Küche mit dem herrlichen Aroma hat leider einen sündhaft teuren Preis: Ein Kilo *tartufo bianco* kostet zwischen 2500 und 3000 Euro. Das bedeutet für Feinschmecker: Für ein Portiönchen Spaghetti mit hauchdünn gehobelten Trüffelscheiben muß man schon mit rund 18 Euro rechnen. Aber, mal ehrlich: Gibt es etwas Leckereres als hausgemachte goldgelbe *pasta* mit einem Hauch von Trüffel?

Frisch aus dem Boden gebuddelte Trüffeln halten etwa eine Woche. An der Luft verlieren die Knollen allerdings schnell an Aroma. Wer kaufen möchte, sollte zuvor den Kneif- und Schnüffeltest machen: Trüffeln sollten fest und nicht zu leicht sein. Zu weiche Trüffel waren in der Regel gefroren und schmecken nicht mehr. Sie sollten stark duften, nicht von Insekten befallen sein. Am besten, man kauft sie gebürstet. Für den Transport nach Hause wickelt man die Trüffeln in Papiertücher. Vorsicht: Nicht auf Reis lagern, das trocknet aus! Keine Echtheitsgarantie gibt's für getrüffelte Lebensmittel – höchstens, wenn sie von Urbani kommen. Der Familienbetrieb ist so etwas wie die Agnelli-Familie unter den Trüffelbauern, sechzig Prozent des gesamten Weltmarkts beansprucht er für sich. Im Firmensitz im Valneria-Tal werden die Knollen verarbeitet – von Hand, versteht sich. Und es gibt nichts, wozu sich die Trüffel nicht verarbeiten ließe: Trüffelbutter, Trüffelöl, Mehl mit Trüffeln, Nudeln mit Trüffeln, Schokolade mit Trüffeln. Wenn allerdings Trüffeln als *tartufo* auf der Dessertkarte auftauchen, haben die Pilze aus dem Wald nichts damit zu tun, es handelt sich vielmehr um eine schokoladige Eisknolle. Wer die leckeren Dinger lieber im Originalzustand zu Hause haben möchte, bestellt sie einfach bei Urbani. Innerhalb von 48 Stunden wird geliefert – nach dem Preis fragt man am besten gleich nicht! *Attenzione*, es ist nicht überall reine Trüffel drin, wo Trüffel draufsteht: Es ist durchaus üblich, Trüffelmischungen wie Soßen oder Pasten mit Geschmacksverstärkern anzureichern. Umbrien ist Trüffelwunderland, die Knollen werden von hier nicht nur in alle Welt verkauft – sondern sogar auch in die »Trüffelkonkurrenzländer« Frankreich und Piemont, wo sie mitunter als einheimische Knollen auf den Ladentischen wieder auftauchen.

Wir sind bei Franco zu Hause, Berlusconi hat sich in seine Hundehütte zurückgezogen und bekommt jetzt endlich einen Knochen. Auf der Trüffeljagd soll er nicht essen, erklärt mir Franco. Seine Frau Cecilia hat schon einen riesigen Pott mit wild kochendem Salzwasser auf dem Herd stehen, der Tisch in der geräumigen Küche ist gedeckt. Franco zieht unsere Trüffel aus dem Rucksack, untersucht das Ding, bürstet es dann vorsichtig mit einer

Zahnbürste. In der Zwischenzeit sind die Nudeln *al dente*, Franco hobelt hauchdünn Trüffel in eine Schüssel, mischt sie mit etwas Olivenöl *extra vergine* und einer Prise Salz und gibt sie dann über die golbgelben *tagliatelle*. Dieser Duft! Mhhhh! Dieser Geschmack! Erdbeermarmeladecroissants – hier könnt ihr nicht mithalten!

Bis sich die Tische biegen ...

Einladung zu einem üppigen umbrischen Festmahl

Ich bin eingeladen bei Tonis *cugino*, seinem Vetter.
Toni selbst mußte passen, er liegt mit einer Magen-
verstimmung im Bett. Die Großfamilie sitzt schon
bereit, die *nonna*, die Großmama, thront mit Häkelarbeit in einem altrosa Polstersessel, die Schwester
zeigt stolz ihre neuen tiefschwarzen Bruno-Magli-
Stiefel, die ihre ausgesprochen käftigen Waden be-
ängstigend eng umfassen. Die zwei anderen Schwestern tuscheln geheimnisvoll und kichernd im Eck,
der Großvater, *il nonno*, testet bereits seit dem Nachmittag den Rotwein, die Enkel verspeisen eine *me-
renda* nach der anderen und spielen Gameboy.

Tonis *cugino* hat sein Wohnzimmer bis auf zwei
kunterbunte Madonnenstatuen, San Francesco hinter Glas, das pfirsichfarbene Plüschsofa, den altrosa
Polstersessel und einen Schrank mit Murano-Glas-
kunstwerken leergeräumt, um Platz für zwei lange
Tische mit rotkariertem Papiertischdeckenüberwurf
zu schaffen. Der Rotwein steht abgefüllt in Pla-
stikflaschen auf dem Tisch, ebenso das Flaminia-
Wasser.

A tavola – die *cena* kann beginnen. Der Auftakt
ist was Feineres: Krabbencocktail in Plastikmu-
schelschalen, dazu ein Weißbrot, wie es sein soll,
außen knusprig, innen weich wie ein Schwamm.
Dazu trägt Tonis *cugino* schälchenweise eingelegte
grüne und schwarze Oliven, selbstgepflückt, in

Knoblauchsauce, würzige, ölig glänzende eingelegte Artischocken und Pilze in sein Wohnzimmer.
Knackige *crostini al tartufo*, mit Trüffeln, und *alla pasta accigata*, mit Sardellenpaste, dürfen natürlich
auch nicht fehlen. Kaum ist der letzte Krabbencocktail verschwunden, das letzte *crostino* wegge-
schluckt, erscheint Tonis *cugino* erneut, auf beiden
Armen transportiert er Plastikteller mit einem Berg
strangozzi, eine Art Bandnudeln, die ohne Ei hergestellt werden und das umbrische *Pasta*-Nationalge-
richt sind. Darüber gießt er Tomatensauce. Acht
Stunden hat der *sugo* vor sich hin geköchelt, verrät
er, und ein paar kleine hellrote Tupfer auf seinem
hellgrauen Hemd verraten, daß er gut darauf auf-
gepaßt hat. Als er alle mit Nudeln versorgt hat, eilt
er zurück in die Küche und bringt einen weiteren
Schwung leerer Plastikteller mit, ein riesiger Koch-
topf ist auch dabei, denn zumindest *assaggiare*, kosten, muß jeder dann auch mal sein *risotto con fun-
ghi*, sein Pilzrisotto. Ab und an wirft Tonis *cugino*
einen mißtrauischen Blick auf seine Schwester mit
den neuen Schuhen, die mit jedem Glas Rotwein
mehr und detaillierter von ihrem Verhältnis mit einem verheirateten Perugianer Richter erzählt. Der
nonno hat auf seinem Holzstuhl bereits leichte
Schlagseite, doch hält er weiter kräftig mit. Ab und
zu hebt er den Finger und lobt die guten alten Zeiten. *Tempi passati.* Die *nonna* blickt verträumt vor
sich hin, denkt sie an einen Liebhaber oder an ein
neues Häkelmuster? Die Kids bewerfen sich inzwischen mit Weinkorken und Oliven, wenn keiner
hinguckt. Und es guckt fast nie jemand. Den nächsten Gang, drei Platten *scampi* vom Grill, drei Plat-

ten *grigliata mista*, trägt die Frau von Tonis *cugino*. Die Gemüsebeilage *cardo*, eine den Artischocken verwandte Distelpflanze, entlockt den Enkeln ein einstimmiges »Ihhhh«. Tonis *cugino* selbst hat in der Küche mit dem übernächsten Gang zu tun. Säbelt die *porcetta*, das Jungschwein, in gleich große Scheiben. Die Anstrengung steht ihm ins Gesicht geschrieben. Dazu gibt's Linsen mit Würstchen. Nicht irgendwelche, sondern die dicken, kräftig gewürzten *salsicce* und die marmorierten kleinen, biologisch auf der Hochebene von Castelluccio angebauten Luxuslinsen. Dem *nonno* schmeckt's, daß es eine wahre Freude ist. Den Brand von den *salsicce* löscht er mit *vino*.

Nach der Fleischeinlage ist eine kurze Pause angesagt, eine Runde Rotwein, doch länger kann und will Tonis *cugino* mit dem nächsten Gang nicht mehr warten. Trotz vereinzelter zaghafter Hinweise auf einen vollen Bauch schiebt er jedem das Silbertablett mit der nach Rosmarin duftenden Maräne, *coregone*, unter die Nase. Dabei platzt er fast vor Stolz, das Prachtstück hat er höchstpersönlich aus dem Lago Trasimeno gezogen. Während er seine Beute fachmännisch zerlegt, schildert er sein Abenteuer am See in allen Einzelheiten. Der *nonno* scheint einzunicken, denn ab und an sinkt sein Kopf zur Seite. Die Schwester verdreht die Augen und gießt nach, die Enkel treten einander unter dem Tisch gegen das Schienbein und schnipsen jetzt kleine Papierkügelchen in die Luft. Als sie die Papierkügelchen durch den Fischkopf ersetzen wollen, gibt es eine Ohrfeige. Konversation, Lärmpegel und Gestenreichtum erreichen den Höhepunkt. Jeder palavert lauthals von einem Tischende zum anderen. Irgendwer hat den Fernseher angestellt. Jedesmal, wenn eine leichtbekleidete Ballerina über den Bildschirm hopst, wird der *nonno* wieder ein wenig munter.

Zeit für die Käseplatten, ein Stück *scarmorza bianco*? Etwas *caciotta*? Oder eventuell einen *pecorino fresco*? Die *dolci* hat Tonis *cugino* bei der Pasticceria Sandri, seiner bevorzugten Pasticceria in Perugia, geordert. *Cannoli*, *profiterole*, ein Berg kleiner süßer Köstlichkeiten, der zusammen mit einem Löffel herumgereicht wird. Jeder möchte doch von jedem etwas *assaggiare*. Einen *grappa* oder einen *amaro*? Bei diesem Stichwort wird der *nonno* wieder hellwach und hebt schnell den Finger. Auch die Order für den *caffè* nimmt Tonis *cugino* bereits entgegen.

Nach dem *caffè* wird der letzte Durchgang eingeläutet: ein Riesenberg Früchte mit köstlichen, winzig kleinen wilden Erdbeeren, dazu hat Tonis *cugino* drei Riesentafeln Schokolade mit Mandelstückchen unter dem einen und eine Familienpackung *baci* unter dem anderen Arm, die er gerecht aufteilt. Zum Nachtrinken verteilt er gefüllte Sektgläser. Wer mag Sagrantino di Montefalco und *cantucci*? Niemand. Tonis *cugino* geht trotzdem und holt sie.

Trotz des anfänglichen Protestes werden fast alle Schokoladenteile verputzt, und die Schwester mit den Stiefeln besteht darauf, noch eine vierte Flasche Sekt anzubrechen. Den Reißverschluß ihrer Stiefel hat sie inzwischen bis zum Anschlag hinuntergezogen, gutes Essen geht nicht nur in den Bauch, sondern auch in die Beine.

Die Runde ist merklich leiser geworden, den *nonno* hat nach dem *amaro* endgültig die Müdigkeit übermannt, die *nonna* hat sich wieder auf ihren Polstersessel zur Häkelarbeit zurückgezogen, die Schwester verrät Intimes über ihren Lover, die anderen beiden tuscheln wieder. Die Ehefrau kämmt die Haare des kleinen Mädchens, der Junge nutzt die Gunst der Stunde und sieht sich einen blutrünstigen Horrorfilm auf Italia Uno an und Tonis *cugino* geht in die Küche und holt sich einen Teller *strangozzi*. Vor lauter Vorbereitung war er gar nicht dazu gekommen, seine *pasta* zu essen.

Ein Volk von Wurstmachern

Warum die italienischen Wurstläden »norcineria« heißen

Haben Sie sich schon einmal gefragt, warum italienische Wurstläden *norcineria* heißen? Zumal das italienische Wort für Wurst *salsiccia* lautet. Und können Sie sich Klosterschwestern beim Wurstverkaufen vorstellen?

Spurensuche in Norcia: Ausgestopfte Wildschweinköpfe grüßen von Hauswänden, darunter baumeln dicke Schweinswürste wie Lianen, zartrosa, dunkelrot, mit schmaler Taille, flaschendick, daneben hängen Schinkenkeulen, furchterregend groß. Hinter den Theken hantieren Metzger mit Riesenmessern und Unterarmen teilweise so umfangreich wie eine ausgewachsene Salami. Willkommen im Reich der Wurstmacher. (Vegetarier sollten um Norcia besser einen großen Bogen machen …)

Die Verarbeitung von Schweinefleisch hat hier eine lange Tradition, geht zurück auf das Mittelalter. Um Norcia herum gab es ausgesprochen weite Wälder, viele Eichen und *piani*, Hochebenen. Die umbrischen Bauern nutzten diese *piani* zur Schweinezucht – im bäuerlichen Umbrien gilt bis heute das Schwein als das Fleisch schlechthin –, die Eicheln zur Schweinemast. In den langen, einsamen Wintern beschäftigten sie sich intensiv mit Aufzucht, Anatomie und Schlachtung der Tiere, spezialisierten sich auf bestimmte Heilmethoden. Sogar eine in ganz Europa berühmte Chirurgenschule gab es, zum Studium der Anatomie der Tiere mit der rosa Schnauze. Bald machte den Metzgern aus Norcia beim Pökeln und Trocknen von Schlachterzeugnissen und Würsten von gehacktem Fleisch niemand mehr etwas vor. Ihr Spezialrezept – Vegetarier bitte weglesen –: Sie ließen die Schweine vor der Weiterverarbeitung komplett ausbluten und abkühlen. Eine ihrer besonderen Spezialitäten: *mazzafegato*, Schweineleber, Pinienkerne, Rosinen, Orangenschale und Zucker. Die umbrischen *norcini* waren geboren. Der Stadtpatron höchstpersönlich gab seinen Segen dazu: Den gesunden Geist im gesunden Körper empfahl der heilige Benedikt mit großen Gläsern Wein und nahrhaften Würsten zu stärken – und so kommt es, daß man in Norcia im Kloster Monastero della Pace bei den Benediktinerinnen bis heute nicht nur Kräuterlikör und Heiligenbilder, sondern auch Würste kaufen kann.

Aber wie verbreitete sich nun die Wurstfama von den nebelschwangeren Hochebenen in Norcia über ganz Italien? In den Zeiten vor Fernsehen und Internet? Die *norcini*, die Schweinemetzger, machten sich in den – wie gesagt ausgesprochen einsamen – Wintermonaten, wenn die Gegend eingeschneit war, mit ihren Würsten auf den Weg, tourten durch Latium, durch die Toskana. Zuerst zu Fuß. Dann mit der Postkutsche – 1855 wurde die Straße gebaut, die Norcia mit Spoleto verband. Den Römern schmeckten die umbrischen Würste so gut, daß sie die umbrischen Metzger zu einem eigenen Berufsstand erhoben. Und sogar eine eigene Kirche bekamen die Wurstmacher von Norcia im 17. Jahrhundert in der Hauptstadt: die Chiesa della Nazione Norcina in der Via di Torre Argentina, in der Via Colonna lag das dazugehörige Spital. Nach dem Zweiten Weltkrieg beendeten die umbrischen Wurstmacher ihre Tourneen, verließen ihre abgeschiedenen Heimatstädtchen, um anderswo ihr Glück und Geld zu machen. Sie ließen sich mit ihren Familien vor Ort nieder und gründeten dort *norcinerie*. Aber auch in Norcia boomte das Wurstgeschäft. Vor allem italienische Gourmettouristen zog es in den letzten Jahren zum Gastroshopping in das Städtchen, Feinkostgeschäfte sprossen wie Pilze aus dem Boden. Jeder wollte die leckeren Schweinereien aus Norcia: *capolcolli, culatelli, lonze, salame, salsicce, mazzafegati.*

Allerdings hat inzwischen wohl einige umbrische Metzger die Unlust gepackt – ist ja auch verständlich, denn die Winter sind nicht mehr so kalt, es gibt Zentralheizung, und nicht mehr so einsam, es gibt Ratesendungen, Talk-Shows und Endlosserien –, denn nicht in jeder Metzgerei in Norcia werden noch Produkte aus Norcia verkauft. Da kommt der Schinken schon mal aus San Daniele, die Salami aus der Toskana und der Käse aus Parma.

Der Trend geht heute außerdem weg vom Schwein, hin zum Hirsch. Wer auf sich hält in Norcia, der sattelt um; denn natürlich schläft auch die Konkurrenz, in diesem Fall die anderen italienischen Schweinemetzger, nicht und lernt dazu. So haben viele Metzger aus Norcia ihr Angebot inzwischen ausgebaut und beschäftigen sich intensiv mit Wild. Wildschweine, Hirsche, Mufflons werden angesiedelt, in freier Wildbahn unter strenger Kontrolle aufgezogen. Daraus entstehen dann Spezialitäten wie Damhirschschinken, Damhirschwurst, Damhirschfilet. Jedes Jahr im September wird das Damhirschfest gefeiert, mit einer Damhirschverkaufsausstellung und einer Damhirschfleischverkostung.

Aber Norcia denkt auch an die Vegetarier: Italienweit berühmt sind die kleinen grünen *lenticchie di Castelluccio*. Castelluccio ist das höchstgelegene Dorf Umbriens, am nördlichsten Punkt des Piano Grande, thront in einer Höhe von 1400 Metern, zehn Autominuten von Norcia entfernt. Hier oben werden die hocharomatischen, federleichten und sehr eisenhaltigen Linschen angebaut, ohne chemische Düngung, denn diese Linsenart hat keine Schädlinge. Ausgesät wird nach der Schneeschmelze, und dann brauchen die Pflänzchen nur noch schönes Wetter. Im Juni blühen die Linsenblüten in einem unglaublichen Violett – Castelluccio feiert ihnen zu Ehren das *Fiorita*-Fest –, Ende Juli werden dann die Pflanzen ausgerissen und zum Trocknen auf den Feldern ausgebreitet. Linse für Linse wird mit der Hand geerntet, ungefähr tausend Doppelzentner. Die guten ins Töpfchen ... Die *lenticchie di Castelluccio* sind so zart, daß sie vor dem Kochen nicht eingeweicht werden müssen, verlieren nie ihre Schale, zerkochen nicht und kosten in Italiens Feinkostläden dreimal soviel wie gewöhnliche Hülsenfrüchte. Wenn es Linsenläden gäbe, sie würden *castellucceria* heißen.

Valentinas Geheimnis

Die Schöne und der Bischof von Terni

Nein, Terni ist wahrlich keine umbrische Schönheit. Keine idyllischen alten Gäßchen, keine lauschigen *piazze*, keine besonderen Sehenswürdigkeiten, das Gesicht der zweitgrößten Stadt der Region ist geprägt von modernen Zweckbauten, stählernen Ungetümen, Industrieanlagen. »Stadt des Stahls« und »Manchester Italiens« wurde Terni genannt; Wald- und Wasserreichtum sowie ihre Lage in der Ebene hatten Terni in diese Rolle gedrängt. Heute ist die Stadt im äußersten Süden Umbriens nicht nur das Aschenputtel, sondern auch das Sorgenkind der Region. Als die Industrie boomte, fanden viele Zuwanderer aus ärmlichen Gegenden in Umbrien Arbeit in der Stadt, heute steckt die Stahlproduktion in der Krise, Arbeiter werden entlassen, die Arbeitslosenquote wächst. Intensiv bemüht sich die ehemalige Industriemetropole nun um eine zweite Karriere als Wirtschafts- und Verwaltungszentrum. Irgendwie ist schon jetzt alles nüchtern, modern und zweckmäßig in Terni.

Die Jugend trifft sich allabendlich in knatternden Vespatrauben an der Piazza San Francesco, unternimmt eine *passeggiata* zur verkehrsreichen Piazza Cornelio Tacito oder drückt sich an den Kirchenmauern des Doms der Santa Maria Assunta herum, die früher mal eine hübsche Dame gewesen sein muß, heute aber einen dicken Grauschleier trägt.

Aber Terni hat einen ganz besonderen, weltweit bekannten und geschätzten Stadtheiligen: San Valentino, Schutzpatron der Liebenden. Wer weiß schon, daß der Namensspender des vor allem in den USA so beliebten Valentinstages aus dem umbrischen Terni kam?

Der Überlieferung nach soll die erste Mischehe des Christentums im 3. Jahrhundert in Umbrien von Bischof Valentino geschlossen worden sein. Die beiden Brautleute waren ein heidnischer Legionär und ein christliches Mädchen. Ihre Vereinigung bedeutete in jenen Zeiten der Verfolgung und der Intoleranz ein denkwürdiges Ereignis und einen symbolischen Akt der Verbrüderung. Die mutige Tat des Bischofs sprach sich herum wie ein Lauffeuer, und bald schon wurde er zum Beschützer der Liebenden erklärt.

Sein Ruhm drang bis nach Rom, er wurde in die Hauptstadt gerufen, um den schwerkranken Sohn einer Patrizierfamilie zu heilen. Valentino heilte ihn zwar, bekehrte jedoch nebenbei ihn und seine ganze Familie zum Christentum. Dafür ließen ihn die Römer 268 enthaupten. Sein Leichnam wurde nach Terni zurückgebracht und auf einem Hügel, damals noch außerhalb der Stadt, bestattet. Im 17. Jahrhundert errichtete man über dem Grab die Basilika mit seinen Reliquien.

Und Terni hat Valentina, eine *signorina* in mittleren Jahren mit seidig dunklem Wallehaar und hellgrünen Katzenaugen. Valentina wohnt in einem hübschen Häuschen mit grünlackierten Fensterläden am Rande der Stadt. Wenn in Terni jemand Probleme in Liebesangelegenheiten hat, dann besucht er Valentina.

So auch ich.

Mein Freund hat mich verlassen. Nein, nicht wirklich, zum Glück, doch ich will Valentinas Künste auf die Probe stellen. Also stehe ich mit kummervollem Gesicht vor ihrer Haustür. Sabina, meine Freundin aus Terni, hat den Termin für mich klargemacht.

»Buongiorno«, empfängt mich Valentina und scheint mich mit ihren unglaublich katzengrünen Augen zu durchleuchten wie ein Röntgenstrahl einen schmerzgeplagten Unterbauch. »Vieni«, sagt sie nur knapp und ich folge ihr in einen kleinen, dunklen Raum, nur vom Schein einer Kerze erleuchtet. Valentina setzt sich an den schweren, dunklen Tisch, der fast den ganzen Raum ausfüllt und deutet mir an, ihr gegenüber auf dem Stuhl Platz zu nehmen. Eine Weile sieht sie mich schweigend an, dann greift sie unter den Tisch. Oje, jetzt kommt die Kristallkugelnummer, denke ich noch, doch sie zieht lediglich eine Schüssel mit Wasser und eine Flasche ganz gewöhnliches Olivenöl *extra vergine* made in Umbria hervor – Umbrien bringt übrigens ein ganz exzellentes Öl hervor, sei hier am Rande bemerkt. »Sabina sagt, dein Freund hat dich verlassen?« Ich nicke so betrübt ich kann. »Und du willst ihn wieder zurück?« Ich nicke erneut. »Bene. Zuerst machen wir den *Malocchio*-Test«, erklärt Valentina. Sie hat eine ganz merkwürdige, ausgesprochen dunkle Stimme, die so gar nicht zu ihrem zarten Gesicht passen mag. Sie bindet ihre Wallemähne zu einem Pferdeschwanz. »Wir müssen prüfen, ob du mit dem bösen Blick verhext bist, vielleicht ist dein Freund deswegen weg.« Um dies zu testen, muß ich etwas Olivenöl in das Wasser kippen. Bilden sich Ölaugen auf dem Wasser, bin ich *malocchio*-frei, verschlingt das Wasser das Öl, hat mich ein Fluch getroffen. Irgendwie unheimlich. Ich kippe also das Öl ins Wasser, meine Hände zittern ein wenig. Valentina blickt mir dabei fest in die Augen und murmelt etwas vor sich hin. Ölaugen. Kein *malocchio*. Kein Hexenzauber. Puh! Und nun? Plan B! »Vieni«, sagt Valentina wieder und wir verlassen den düsteren Raum. Sie huscht einen Moment in ihre helle Einbauküche und kommt mit einem kleinen, mit rosa Blumen verzierten Spanholzschächtelchen zurück, die Art von Schachtel, in der die fleißige Hausfrau Fingerhut und Nähfäden aufbewahrt. Sie schlingt sich einen dunkelgrünen Paschminaschal um die Schultern und führt mich zur Haustür. Wir gehen die paar Schritte bis zur San-Valentino-Basilika zu Fuß. Valentina drückt das schwere Kirchenportal auf, das ein geräuschvolles Knarzen von sich gibt. Sie steuert geradewegs zum Weihwasserbecken, zieht das Holzschächtelchen aus ihrer Handtasche und gibt ein paar Tropfen geweihtes Wasser hinein. Dann kniet sie vor dem Grabmal Valentinos, das über und über mit frischen Blumen geschmückt ist, nieder, legt das Schächtelchen an ihre Seite, faltet die Hände und senkt den Kopf zum Gebet.

Sie deutet mir an, mich neben sie zu knien, und minutenlang bleiben wir Knie an Knie. Dann steht sie auf, bekreuzigt sich, wir verlassen die Kirche wieder. Wortlos marschieren wir zurück zu ihrem Haus. Ich will sie soviel fragen, doch irgend etwas hält mich zurück. An ihrem Haus angekommen, drückt mir Valentina das Schächtelchen in die Hand. Dort hinein soll ich nun etwas von meinem Freund geben – eine Haarlocke, einen Brief, ein Stückchen Stoff eines T-Shirts –, es an mein Bett stellen und jeden Morgen und jeden Abend meine Gedanken auf meinen Freund fokussieren. Und das funktioniert? »Aber ja.« Valentina lächelt weise und verabschiedet sich von mir. Ehe ich mich versehe, ist sie in dem kleinen Häuschen mit den dunkelgrünen Fensterläden verschwunden.

Ich trage das Schächtelchen und meine Skepsis zu Sabina, die in einem jener häßlichen Pseudo-hochhausbauten am Stadtrand von Terni wohnt.

Sie und all ihre Freunde glauben fest an Valentinas magische Kräfte, und sie erzählt mir Valentinas Geschichte. Seit dem 14. Jahrhundert ist es Brauch in Terni, am 14. Februar per Los einen Valentin und eine Valentina zu bestimmen. Die beiden jungen Leute, die einander vorher nicht kennen, müssen dann in einer Art Verlobung ein Jahr lang zusammenbleiben. In den meisten Fällen sind die Zwangsvereinten heilfroh, die Verlobung wieder lösen zu können, doch manchmal, eher selten, trifft sie Amors Pfeil mitten ins Herz. So geschah es mit Valentinas Eltern, die ihrem Töchterchen natürlich den Namen des Schutzpatrons verliehen – wenn so eine Familiengeschichte keine Zauberkräfte verleiht! Sollte mich mein Freund jemals verlassen – und will ich ihn zurückhaben –, werde ich Valentinas Holzschächtelchenzauber auf jeden Fall ausprobieren.

An dieser Stelle noch ein kleiner Tip für alle Damen, die auf der Suche nach einem Lebensgefährten sind. Vergessen Sie Kontaktanzeigen, Chatrooms, Blind dates, Kuppelshows, spazieren Sie einfach am 14. Februar durch Terni. Man sagt, ein lediges Mädchen werde jenen Burschen zum Ehemann nehmen, den es am 14. Februar als ersten erblickt …

Der Tag, an dem die umbrische Erde bebte

Septembererinnerungen

Der 26. September war ein angenehm lauer Spätsommertag. Ein Freitag in Nocera Umbra wie so viele andere. Nocera Umbra liegt eingebettet in die Hügellandschaft zwischen Monte Subasio und Monte Pennino, *città delle acque* nennt sie sich auch, denn die Thermalquellen, die Bagni di Nocera, sind nicht weit. Anna wohnt am Rande der Altstadt, der geschäftige Corso Vittorio ist einen strammen Fußmarsch entfernt. An diesem Septembertag hatte sie für ihren Mann Francesco *pasta alle melanzane* gekocht, denn die mag er besonders gerne, und die Wäsche an die Leine zum Trocknen auf ihren kleinen Balkon gehängt. In der Luft hing ein leichter Hauch von Rosen, von frisch gewaschener Wäsche und ein Rest Küchendunst, das Radio spielte die Hits von Eros Ramazotti, ein Special. Nichts, aber auch gar nichts deutete darauf hin, daß am nächsten Morgen nichts mehr so sein würde, wie es war. Nicht einmal Lucia, Annas getigertes Kätzchen, war besonders unruhig, sagt man doch, Tiere würden drohendes Unheil spüren.

Es war der Tag, an dem die umbrische Erde bebte. Der Tag, der hunderttausend Menschen in Umbrien und Marken obdachlos machen sollte, der Tag des folgenschwersten Erdbebens in Umbrien in diesem Jahrhundert. Die Region in Mittelitalien ist erdbebenerprobt, zuletzt hatte es 1979 Norcia schwer erwischt. Die Schäden hielten sich in Grenzen, denn seit einem verheerenden Beben im Jahr 1859 dürfen dort die Häuser nicht mehr höher als 12,5 Meter gebaut werden, sicherheitshalber bekamen viele Gebäude abgeschrägte Fassaden. Doch so kräftig wie am 26. September hatte die Erde noch nie rebelliert. Die Naturkatastrophe forderte elf Todesopfer, hundertdreißig Menschen wurden schwer verletzt, unzählige Kulturgüter beschädigt, neunzigtausend Häuser zerstört. Die Beben der Stärke 5,7 auf der Richterskala zerrissen ganze Dörfer – und Nocera Umbra war eines davon.

»Santo Dio«, Anna zittert noch heute, wenn sie an diesen Tag denkt, achtzig Prozent ihres Dorfes wurden damals zerstört. Sie schlägt die Hände zusammen. »Es war schlimmer als ein Bombenangriff. Überall Trümmer, Verletzte, Hilferufe, noch Tage danach gab es kein Wasser, keinen Strom, die Straßen waren nicht befahrbar, so etwas habe ich noch nie erlebt.« Anna fingert ein Taschentuch aus dem Ärmel ihrer geblümten Bluse. »Wir haben Maria und Giacomo verloren«, flüstert sie dann mit leiser Stimme. Die beiden achtzigjährigen Eheleute starben unter den Trümmern ihres Hauses. »*Embraciati*, umarmt«, fügt Anna feierlich hinzu, und in diesem kleinen Wort schwingt soviel Hoffnung mit, daß es ein feines Lächeln auf ihr runzeliges Gesicht zaubert. Ich sitze mit ihr auf dem kleinen Balkon ihres Häuschens, das das Beben wunderbarerweise einigermaßen heil überstanden hat. Sie hat *caffè* gemacht und köstlichen *serpentone delle monache*, einen Kuchen mit Mandeln, Pinienkernen und Walnüssen. Gerade schiebt sie ein zweites Stück auf meinen Teller.

»Nicht einmal unseren San Francesco hat er verschont«, brummt sie dabei aufgebracht und richtet die Kuchengabel drohend gen Himmer. »Siebenhundert Jahre hat unsere Basilika überlebt, und dann so etwas. Daß ich das noch erleben mußte …« Große Teile der Basilika in Assisi waren infolge des Erdbebens eingestürzt – insgesamt vierzig Quadratmeter an zwei Stellen der Oberkirche waren herausgebrochen –, in den weltberühmten Fresken von Giotto gab es tiefe Risse, faustgroße Mauerstücke fielen aus den Wänden. »Fast drei Meter hoch lag der Schutt in der Kirche«, schimpft Anna. Glück im Unglück: Auf den achtundzwanzig Giottogemälden über das Leben des Franz von Assisi lag nur der Staub des Bebens. Ganz anders bei Cimabue, der die Gewölbe mit den Aposteln und Jüngern bemalt hatte. »Giotto lebt, Cimabue ist verloren«, hieß die Kurzformel für das kunsthistorische Desaster. Aber ein kleines Wunder gab es auch: Das Grab des heiligen Franziskus sowie die ganze schlichte, niedrige Unterkirche blieben völlig unbeschädigt. »Doch«, Anna beugt sich verschwörerisch zu mir, »das Unglück war vorauszusehen. Schlampig und billig restauriert haben sie unsere Basilika in den fünfziger Jahren«, schimpft sie. Das behauptete damals jedenfalls Federico Zeri, einer der bekanntesten und rebellischsten Kunstkritiker Italiens – Anna hat es in der Zeitung gelesen. Die Holzbalken waren damals durch Stahlbeton ersetzt worden. Eine unglückliche Entscheidung, denn dadurch wurden die Gewölbe mit noch mehr Gewicht belastet und unbeweglich. »Der Sonntagsgottesdienst in Assisi mußte im Freien stattfinden«, erinnert sich

Anna. Sie hatte extra mit ihrem Mann den Weg auf sich genommen, um bei dem Gottesdienst auf dem großen Platz vor der Basilika dabeizusein. Und noch ein tragisches Ereignis weiß sie zu berichten: In den Trümmern der Kirche kamen zwei Franziskanermönche ums Leben. Sie wurden von einem Erdstoß getötet, als sie den Schaden der nächtlichen Erschütterung untersuchten. Anna entwischt kurz in die Küche, holt eine Flasche Zitronenlikör und zwei Gläser. »Und es ging weiter, drei Tage lang hat die Erde weitergebebt, drei Tage lang hatte ich Todesangst. Nein«, Anna schüttelt den Kopf, »das kann sich niemand vorstellen. Jedesmal, wenn die Lampe zitterte, dachte ich, es kommt zurück.«

Großzügig gießt sie den sonnengelben Likör in die Gläser, hebt ihr Glas und prostet mir zu. »*A la tua!* Und dann war es wie immer. Zuerst großes Blabla, sogar Scalfaro gab uns die Ehre, rief zur Einheit Italiens auf. Und weiter – *niente.*« Mhm. Der Zitronenlikör geht runter wie Honig. »Siebentausend Betten gab es für hunderttausend Obdachlose. In Wohncontainern, *Prefabbricati*-Siedlungen, mußten die Menschen überwintern. Die Container sind nur notdürftig isoliert, und weißt du, wie kalt der Winter in den umbrischen Bergen sein kann?« Anna schüttelt empört den Kopf. »Wie die Tiere. Eingesperrt wie die Tiere. Und das jahrelang. Europa wird uns helfen, hieß es. Und wohin bitte sind die ganzen Gelder der EU geflossen? Von uns hat sie niemand gesehen. Bis heute ist nichts geschehen, sieh dich nur in unserer Stadt um«, klagt sie. »Nocera Umbra, das war einmal! Und Touristen, die kommen zu uns schon lange nicht mehr. Wie auch, beide Hotels sind wegen Erdbebenschäden geschlossen.«

Doch Anna klagt nicht nur, sie handelt auch. Sie bietet einer Familie mit zwei kleinen Kindern Unterkunft in ihrem bescheidenen Häuschen, wenn es draußen im Containerdorf zu zugig wird. Das große Beben geht Anna immer noch sichtlich nahe. Und sie hat Angst. Angst, daß sich die Katastrophe vom 26. September wiederholen könnte. »Noch einmal überlebe ich so was nicht«, murmelt die alte Frau und leert ihr Glas in einem Zug.

Bis heute sind die Wunden in Umbrien nicht geheilt, bis ins Jahr 1999 blieb das gesamte *centro storico* von Nocera Umbra am Abend abgesperrt, im Winter 1999/2000 lebten noch dreißigtausend Menschen in Wohncontainern, warteten noch immer auf die vom Staat zugesagte umfassende und schnelle Hilfe. Bis ins Jahr 2000 trugen viele Kirchen Gerüste, blieben viele Museen *causa simso*, wegen des Erdbebens, geschlossen, traf man in vielen Bergdörfern noch auf eingestürzte Häuser, durch Gerüste gestützte Mauern. Einzig die Basilika in Assisi erstrahlt seit dem Heiligen Jahr 2000 – fast – wieder in altem Glanz.

Signorellis Seelenqualen

Wenn Fresken sprechen könnten …

Wir sind in Orvieto, im äußersten südlichen Winkel Umbriens. Uralt, unterhöhlt, vom Abrutsch bedroht, mit Häusern, die aussehen wie runzelige Gesichter. Denn die ganze Stadt ist auf Tuffsteinfelsen gebaut, brüchig, im Inneren ausgehöhlt, die Postkartenschönheit bröckelt. Seit zweitausend Jahren zwar steht Orvieto schon felsenfest, doch die ständigen Aushöhlungen, um Platz zu gewinnen, Abgase und Bohrungen zwecks Trinkwasserversorgung nagen an der Stabilität. Seit 1977 die ersten Risse und Erdrutsche auftraten, dreht sich in Orvieto alles um Sanierungsmaßnahmen.

Mittelpunkt der Stadt ist der Dom Santa Maria, der sich strahlend weiß und unbekümmert aus dem Häusergewirr der morbiden, gelbbraunen Tuffsteinterrasse erhebt, ganz so, als wüßte er nicht, daß auch seine Position gefährdet ist. Wie ein Gebirge beherrscht das prachtvolle Gotteshaus die schmale *piazza*, leuchtet in alle Gassen. Atemlos vor Staunen steht der Betrachter vor der säulen-, statuen-, relief- und mosaikgeschmückten Fassade, den Dreiecksgiebelchen, Spitztürmchen und reichverzierten Portalen und stellt fest, keine Ecke der fünfzig Meter hohen Front blieb ohne Schmuck, alles scheint bunt, glänzend. Es ist eigentlich ein kleines Wunder, daß er noch so gut erhalten ist, doch der Dom liegt abseits vom Verkehr. Finanziert wurde das Wunderwerk durch Bürgerspenden, die mit den damals üblichen Ablässen verbunden waren. *Figlia più del cielo che della terra*, mehr Tochter des Himmels als der Erde, nennen die Menschen in Orvieto ihren Dom. Er ist eine der bedeutendsten Bauten der italienischen Gotik und eine der schönsten Kirchen Italiens, über drei Jahrhunderte wurde an ihrer Fertigstellung gearbeitet. Wie das kleine Orvieto zu diesem prachtvollen Bauwerk kommt? Eigentlich durch einen kleinen Betrug oder besser durch eine kleine Schlitzohrigkeit: Das Gotteshaus wurde gebaut, um das Blutwunder von Bolsena zu feiern. Ein böhmischer Priester auf der Durchreise nach Rom, schwer geplagt von Zweifeln über die sogenannte Transsubstantiation, die Verwandlung der Hostie in den Körper Christi, hielt in Bolsena, der Stadt am gleichnamigen See in Latium, eine Messe und bat um ein göttliches Zeichen. Da sah er plötzlich Blut aus einer geweihten Hostie auf ein Meßtuch tropfen. Er trug es zu Papst Urban IV., der damals in Orvieto residierte. Dieser beschlagnahmte es, kümmerte sich wenig um die Rückgabeforderungen aus Bolsena – immerhin hatte sich das Wunder dort abgespielt – und stiftete in Erinnerung daran das Fronleichnamsfest. Dann ließ er flugs den Dom errichten und bewahrte das blutbefleckte Meßtuch, das *corporale*, fortan als Reliquie in der Cappella del Corporale, wo es sich bis heute befindet; allerdings wird es nur an Ostern und Fronleichnam gezeigt.

Um das Innere des Prachtstücks auszuschmücken, berief man die bedeutendsten Künstler ihrer Zeit, nur die allerbesten ließ man an die Cappella di San Brizio. Fra Angelico und Benozzo Gozzoli waren die Auserwählten, sie sollten darin das Jüngste Gericht malen. 1447 machten sie sich ans Werk, Fra Angelico verpflichtete sich, alle drei Monate in Orvieto zu malen. Doch dann fiel einer seiner Gehilfen während der Arbeit vom Gerüst und starb. Fra Angelico war geschockt und kehrte nicht mehr an seinen Arbeitsplatz zurück; gerade mal zwei Gewölbefelder hatte er bis dahin geschafft.

Seine Auftraggeber, die Vorsteher der Dombauhütte, waren gar nicht allzu unglücklich über sein Ausbleiben, denn so ganz zufrieden waren sie mit seiner Arbeit nicht gewesen. Als Nachfolger für die Weltgerichtsfresken suchten sie sich Luca Signorelli aus. Es kostete etwas Überzeugungskraft, doch dann hatten sie den Mann aus Cortona überzeugt. Am 5. April 1499 unterzeichnete der Künstler den Vertrag, 180 Dukaten und freie Kost brachte ihm der Auftrag, dazu so viel Orvietowein, wie er wollte. Vier Jahre lang hat er mit Hilfe seines Sohnes im Dom gearbeitet, 575 weitere Dukaten bekam er am Ende dafür. Ein Hungerlohn, bedenkt man, welch immense Wirkung Signorellis Fresken auf die Entwicklung der Renaissancemalerei hatten, selbst Michelangelo ließ sich bei seinem Jüngsten Gericht in der Sixtinischen Kapelle davon inspirieren.

In dem vielgerühmten Wandzyklus Signorellis wird ungewohnt dramatisch das Ende der Welt in vier Szenen erzählt; dabei liegt die Konzentration auf der menschlichen Gestalt, auf Landschaft und Architektur wird weitgehend verzichtet. Die Bedeutung der Fresken liegt in der meisterhaften Figurendarstellung; die anatomisch genaue Wiedergabe der menschlichen Körper bedeutete eine Lösung von der flächig-mittelalterlichen Malweise und war für die damalige Zeit ausgesprochen ungewöhnlich. Derart komplex dargestellte Menschenfiguren hatte es bis dahin noch nicht gegeben.

Signorellis Höllensturz der Verdammten, die Auferstehung des Fleisches in der Ausdruckskraft des mittelalterlichen Malers erschüttert noch heute, zeigt Ängste und Hoffnungen einer bedrohten Welt.

Auf Fra Angelicos künstlerisches Konto gehen die Gewölbefelder über dem Altar. Christus, die Propheten, Engel, Apostel und heiligen Jungfrauen fügte Signorelli hinzu. Sein Zyklus beginnt an der linken Wand mit den »Taten des Antichrist«. Auch ein Novum: Noch nie zuvor war die Geschichte vom Antichrist in der italienischen Malerei dargestellt worden. Dem Ende der Welt geht das Erscheinen eines falschen Christus voraus, dessen Schreckensherrschaft mit dem Erscheinen des wahren Herrn beim Jüngsten Gericht vernichtet wird. Signorellis Umsetzung ist dramatisch. Im »Inferno der Verdammten« jagt ein beflügelter Teufel mit einer Sünderin durch die Luft, eine andere Sünderin wird mit dem Fuß zu Boden gedrückt, die Zähne werden ihr ausgerissen. Märtyrer werden von den Schergen des Antichrist enthauptet, geflügelte Teufel und am Unterleib behaarte Gestalten sind zu erkennen.

Unwillkürlich fragt man sich, was Signorelli zu dieser dramatischen Darstellung veranlaßte. Warum zu jenem Zeitpunkt? Gewiß war es eine Hommage an Dantes »Göttliche Komödie«. Das Bilddrama zeigt die Gestalten und Mythen Dantes, den griechischen Totenfluß Acheron, den Höllenrichter Minos, die legendären Gestalten und stellt sie in die Nähe der biblischen Figuren. Es wird abgerechnet mit der Geschichte der Menschheit, wie sie sich im Mittelalter darstellte, und sie wird in das Weltende projiziert.

Forscher vermuten, daß es mit dem qualvollen Ende des Dominikanermönchs Savonarola zusammenhängt, der zu jener Zeit in Florenz öffentlich gehenkt und anschließend verbrannt worden war. In dem religiösen Reformer Savonarola, der gegen die fortschreitende Verweltlichung der Kirche wetterte, glaubte man eine Art Antichrist zu erkennen, vor allem in Orvieto, das auf seiten des Papstes stand. Betrachtet man die Fresken, fragt man sich auch: Welche Höllenqualen muß der gläubige Christ Luca Signorelli in seinem eigenen Leben erfahren haben, um das Jüngste Gericht so darstellen zu können? Künstlerbiograph Giorgio Vasari gibt Aufschluß: »Man erzählt, daß Luca Signorelli, als ihm in Cortona ein Sohn getötet wurde, der schönen Angesichts und Körpers war und den er sehr liebte, in seiner tiefen Betrübnis ihn entkleiden ließ und ihn mit größter Seelenstärke, ohne eine Träne zu vergießen, abmalte, damit er, sooft er wolle, durch seiner Hände Arbeit das schauen könne, was die Natur ihm gegeben, ein feindliches Schicksal aber geraubt hatte.« Und dann waren da noch die Liebe und der Betrug. Es soll eine Frau gegeben haben, die Signorelli sehr geliebt hat. Sie jedoch wurde ihm untreu, er verfluchte sie in die Hölle, so erzählt man sich. Wenn man genau hinsieht, erkennt man die Dame in seinen Fresken: erst als Madonna, dann im Gefolge des Antichristen auf Satans Rücken. Ganz unten links hat sich Signorelli übrigens selbst verewigt: ein älterer Herr mit langen Haaren und verklärtem Gesichtsausdruck, daneben steht in Ordenstracht Fra Angelico. An die rechte Wand hat Signorelli die »Auferstehung des Fleisches« gemalt – Tote stehen als Gerippe wieder auf und werden zu Menschen –, das zweite Bild zeigt die zu Höllenqualen Verdammten.

Seelenqualen leiden gegenwärtig auch die Herren der Stadt, die den himmlischen Dom mitsamt Signorellis Meisterwerk sichern und dafür Sorge tragen müssen, daß der Tuffsteinblock erhalten bleibt. Das größte Sorgenkind ist der Verkehr. Schon heute gelangt man nur mit einer kleinen, elektrisch betriebenen Bahn, der *funicolare* in die Oberstadt, doch künftig wird man wohl auf der Rolltreppe anreisen, um die *figlia più del cielo che della terra* zu besichtigen.

Der kleine Dicke mit dem zufriedenen Lächeln

Die Etrusker in Umbrien

Als ich Marco zum ersten Mal sah, wußte ich, er ist ein Etrusker. Er arbeitet im Museo Claudio Faina gegenüber vom Dom in Orvieto. Reißt Eintrittskarten ein, spielt den *guida*, wenn mal nicht viel los ist im Museum. Marco ist etwa so breit wie hoch, hat dichtes, hellbraunes, gewelltes Haar, Augen, die alles Leid und Glück der Welt bereits gesehen zu haben scheinen, und ein unglaublich zufriedenes, breites Lächeln. Seit Generationen lebt seine Familie in Orvieto, in der ehemaligen Etruskerhochburg, die sich wie auf einer goldgelben Tuffsteinwolke hoch über das Pagliatal erhebt. Schier uneinnehmbar, so bauten die Etrusker hier eine der wichtigsten Städte ihres Staatenbundes.

Im Museum ist die Sammlung von Graf Mauro Faina aus Perugia untergebracht, die Claudio Faina 1945 der Stadt vermachte. Die gräfliche Familie hatte Funde aus Etruskertotenstätten rund um Orvieto zusammengesammelt. Die Ausgrabungsstücke im ersten Stock stehen und liegen noch alle so, wie sie damals in den Regalen und Schränken des Stifters verwahrt waren.

Ich schlendere durch das Museum, betrachte Schmuck, Münzen, versilberte Vasen, Skulpturen aus gebranntem Ton, aber immer wieder muß ich Marco ansehen. Ich bin sicher, pünktlich zur Geisterstunde erwacht das Museum zum Leben. Die Nixen der Vanthgruppe steigen von ihrer Amphore, der Fisch in ihren Hände hüpft gegrillt auf den Tisch, zusammen mit Marco lassen sie es sich aus den *buccheri*, kostbaren Gefäßen aus tiefgrauer Tonerde, schwarz wie Ebenholz mit flachen Reliefs, schmecken. Der aus Tuffstein gehauene Kopf des Kriegers spaziert vom Erdgeschoß nach oben und gesellt sich zu der lustigen Runde, die Tempelfiguren aus Terrakotta wagen ein Tänzchen.

Ich bin sicher, Marco wohnt schon seit Ewigkeiten auf dem Tuffelsen, auf dem sich heute Orvieto erhebt. Als Orvieto noch Volsinii hieß und neben Perugia und Todi einer der drei umbrischen Orte im Zwölfstädtebund war. Die Etrusker waren zwischen dem 8. und dem 1. Jahrhundert v. Chr., gut sieben Jahrhunderte lang, der beherrschende Machtfaktor in Mittelitalien, die erste Hochkultur auf italienischem Boden. Sie sind eines der geheimnisvollsten Völker des Altertums, weil man über ihre Herkunft bis heute nur spekulieren kann. Sind sie aus dem Orient eingewandert? Waren sie ursprünglich auf der Apennin-Halbinsel zu Hause?

Von diesem Volk sind kaum Schriftzeugnisse erhalten, vor allem die Römer haben die Erinnerung an ihre Vorgänger systematisch ausgelöscht. Will man etwas über die Etrusker erfahren, ist man auf Grabfunde angewiesen. Vermutungen über den Alltag liefern Grabmalereien, Grabbeigaben, Keramiken – doch das sind nicht viel mehr als Bruchstücke. Das wenige, was man von den Etruskern weiß, macht sie allerdings ausgesprochen sympathisch: Sie scheinen ein ausgesprochen lustiges, sinnenfrohes, hedonistisches Völkchen gewesen zu sein. Tanzen, Spiel, Eßgelage und die Jagd waren die wichtigsten Themen. Fast jede Darstellung zeigt sie mit einem Lächeln auf dem Gesicht – und ein wenig wohlbeleibt. Als »obesus«, übergewichtig, bezeichneten die Römer frech den typischen Etrusker, der mehr an gutem Essen als an der Verteidigung seines Volkes interessiert war. Und anders als bei den Römern, wo die Frau vor allem ihre Rolle als schmückendes Beiwerk auszufüllen hatte, scheint die etruskische Frau eine zentralere Figur mit feministischen Freiheiten gewesen zu sein.

Jedenfalls begründeten die kleinen Dicken mit dem zufriedenen Lächeln die erste Hochkultur in Europa, bauten befestigte Straßen, entwickelten soziale Strukturen, schufen eine Religions- und Kunstkultur. Viele der Erfindungen, die später den Römern zugeschrieben wurden, gehen eigentlich auf das Konto der Etrusker. Sie waren es, die Wasserleitungen bauten, Bergbau betrieben, Entwässerungsmöglichkeiten anlegten. Sie veranstalteten sogar Gladiatorenkämpfe. Doch die Kämpfe der Etrusker wurden nicht zu makaberer Volksbelustigung durchgeführt, sie waren Opferrituale nach Kriegen. Auch religiöse Vorstellungen und Riten wie Zukunftsdeutung aus Tiereingeweiden oder Vogelflug schauten sich die Römer von ihren Vorgängern ab. Die Etrusker lebten in einheitlichen Stadtstaaten, den sogenannten »Lukomien«, unter Führung eines Priesterkönigs. Zu den wichtigsten Städten zählten Tarquinia und Cerveteri in Latium, Volterra und Cortona in der Toskana, Perugia und Orvieto in Umbrien. Bei Orvieto, das Wissenschaftler für die Hauptstadt des Zwöfstädtebundes halten, trafen sich Vertreter aller etruskischen Hochburgen jährlich zu einer Versammlung. Ab dem 4. Jahrhundert vor Christus gelang es den Römern endlich, die Etrusker zu unterwerfen, Sprache und Kultur blieben noch etwas erhalten, verschwanden dann spurlos. So geheimnisvoll ihr Auftauchen, so auch ihr Untergang.

»Wunderschön«, ertönt eine dunkle Stimme hinter mir, als ich die Keramiken in der Glasvitrine betrachte. Sie gehört Marco. »Haben Sie schon die Necropoli Crocefisso del Tufo gesehen, die am besten erhaltene etruskische Totenstadt ganz Umbriens?« Nein, habe ich nicht.

Marco bietet mir an, mich zu führen. Warum nicht? Er schlägt vor, mich um 22.20 Uhr an der Piazza Cahen zu treffen. So spät? Heute ist Vollmond, klärt Marco mich auf. Und nur in einer klaren Vollmondnacht könne man die Gräberstadt so richtig sehen. Meinetwegen.

Pünktlich stehe ich am Abend an der Piazza. Fünf Minuten später erscheint auch Marco. Die Nekropole liegt am Nordfuß des Tuffplateaus an der Straße von der Piazza Cahen zum Bahnhof. Während wir dorthin marschieren, gibt mir Marco Nachhilfeunterricht. Die Gräberstadt aus der Glanzzeit des etruskischen Volsinii wurde im 6. Jahrhundert vor Christi in den Felsen gehauen, 1830 wurde sie zufällig bei Straßenarbeiten entdeckt, ihren Namen hat sie von einem aus Tuff geschlagenen Kruzifix in einer nicht mehr erhaltenen Kapelle. Rechteckige Grabhäuschen aus glattbehauenem Tuffstein stehen an regelmäßig verlaufenden Straßen. Klein sind sie.

Viel zu klein für mich. Ich taxiere Marco von der Seite. Doch, für ihn würden sie passen. Geschlossen wurde das Grab durch eine Art Dach, darüber wurde Erde aufgehäuft. Den jeweiligen Erdhügel markierte man durch einen Cippus aus Nenfro. Zwiebelförmig war der Gedenkstein für die Männer, zylinderförmig für die Damen. Die heute nicht mehr vorhandenen Sarkophage standen auf steinernen Bänken im Inneren. Die meisten Grabfunde sind in Marcos Museum ausgestellt. Wir spazieren durch das Ausgrabungsgelände, das tatsächlich an eine Stadt erinnert.

»Sieh hier«, sagt Marco und deutet auf die steinerenen Türbalken. Dort sind die Namen der Verstorbenen eingemeißelt. Und er beginnt doch tatsächlich, die Namen vorzulesen. Ich glaube es nicht: Marco kann die von rechts nach links laufende etruskische Schrift entziffern – mir dämert es, ist Marco etwa ein Etrusker? Plötzlich sieht er auf die Uhr und wird zappelig. Eilig verabschiedet er sich, es sei spät geworden, sagt er und lächelt dieses zufriedene etruskische Lächeln, er müsse nach Hause. Es ist Viertel vor Mitternacht. Die Geisterstunde naht, Marco muß zu seinen Freunden ins Museum. Jetzt weiß ich es genau, Marco ist ein Etrusker.

Das Rennen der Verrückten

Die Corsa dei Ceri in Gubbio

Matti sind sie, die Einwohner von Gubbio, vollkommen durchgeknallt, und das behaupten sie sogar von sich selbst. Der Wahnsinn beginnt alle Jahre wieder gegen 17.30 Uhr in der Via Savelli della Porta. Hier nimmt ein Wettlauf seinen Anfang, bei dem der Sieger schon zu Beginn feststeht, denn wer zuerst startet, kann in den engen Gassen gar nicht mehr überholt werden.

Aber der Reihe nach: Jedes Jahr am 15. Mai feiert Gubbio sein Fest Corsa dei Ceri, den Wettlauf der Riesenkerzen. *Ceri* sind keine echten Kerzen, sondern vier Zentner schwere, sechs Meter hohe schmale Holztürme, die auf einem Tragegestell befestigt werden. An der Spitze dieser *ceri* werden jeweils die Figuren der drei Stadtheiligen Sant'Ubaldo, San Giorgio und San Antonio festgezurrt. Ubaldo steht für die Maurerzunft, Giorgio geht für die Handwerker und Kaufleute ins Rennen, Antonio für die Bauern. Das ganze Jahr über schlummern diese *ceri* in der Basilika San Ubaldo, knapp unter dem Gipfel des pyramidenförmigen Monte Ingino. Am Abend des 15. Mai werden sie unter enormem Kraftaufwand der *ceraioli*, der Kerzenträger von San Ubaldo, geholt und hinuntergeschleppt ins *centro*. Für die Verrückten ist das *Ceri*-Rennen nach Geburt, Hochzeit und Todesfall das wichtigste Ereignis im Leben. Die Bewohner Gubbios entscheiden schon im Kindesalter, für welche der drei Heiligen sie später kämpfen und »hurra!« schreien werden. Diese Entscheidung will gut durchdacht sein, denn später wechseln gilt nicht. Kindergruppen trainieren mit Kleinausgaben der *ceri* für die anstehende Aufgabe. Lokomotivführer? Popstar? Fußballer des Jahres? In Gubbio sehen die Zukunftsziele der Kleinen anders aus: Hier will jeder *ceraioli* werden.

Gubbio liegt abseits vom modernen Straßennetz, in der Falte des Monte Ingino in einer abgelegenen Ecke, geschützt durch bewaldete Berge und kahle Felsen; der Weg dorthin führt über einsame Hügelzüge. Mittelalterliche Paläste stapeln sich den Berg hoch, Selbstbewußtsein spricht aus jedem Stein. Überall in den dunklen Kopfsteinpflastergassen kleine Läden mit handbemalten Tellern und Schüsseln, Gubbio ist bekannt für seine hübschen Keramikarbeiten. Die Piazza della Signoria, dort, wo sich einst die Zünfte versammelten, ist das Herz der Stadt und der Startpunkt des Rennens. Am Wettkampftag ist die fahnengeschmückte Stadt gepackt voll, kilometerweit vor dem *centro* sind sämtliche Parkplätze belegt, Menschenmassen schieben sich in Richtung *piazza*, alles wartet auf den großen Moment.

Tag X in Gubbio. Sonnenaufgang. Trompeter wecken die Teams, diese bestimmen zunächst ihre Mannschaftsführer, ziehen sich dann zur Andacht zurück in die kleine Kirche an der Piazza della Signoria, wo die Heiligenfiguren das ganze Jahr über untergebracht sind. Dann drehen sie mit den Heiligen eine Ehrenrunde durch die Stadt. Das dauert, denn jeder möchte die drei Figuren berühren, wenigstens einen Zipfel des Umhangs kurz erhaschen, denn das soll Glück bringen, sagt man in Gubbio. Auf der Piazza dei Consoli werden die Statuen dann auf die sieben Meter hohen kerzenförmigen Holzgerüste montiert.

Im Rathaus überreicht der Bürgermeister den Teams den Schlüssel zur Stadt, jetzt sind die Verrückten an der Macht. Das eigentliche Rennen beginnt erst gegen 17.30 Uhr, nachdem der Bischof die *ceri* gesegnet hat. Vorher steht noch eine weitere Runde Schaulaufen auf dem Programm, und stärken müssen sich die Kerzenträger auch noch für ihre große Aufgabe. Das Festmahl wird im Palazzo dei Consoli aufgetischt, traditionell kommt Fisch auf die Teller. Während die Träger tafeln, warten die zentnerschweren Holzkerzen in der Via Savelli della Porta.

Wenn dann endlich das lange erwartete Glockengeläut über die *piazza* dröhnt, ist Showtime. Wie eine aufgescheuchte Schar Hühner stürzen die Trägerteams, die jeweils aus zehn Mann bestehen, aus der kleinen Kirche auf die *piazza*, tragen die hölzernen Türme wie Riesensärge auf ihren Händen. Zuerst eine Traube gelber Hemden und weißer Hosen, dann roter Hemden und weißer Hosen und schließlich blauer Hemden und weißer Hosen. Es sind die drei Zünfte, Bauern, Maurer und Kaufleute, die gegeneinander antreten, jede Farbe steht für einen Berufsstand. Unter tosendem Beifall bahnen sie sich einen Weg durch die johlende Menge.

Den bunten Hemden folgen drei Männer mit bemalten Weinkrügen, die umständebedingt nicht ganz so eilig unterwegs sind. Die hölzernen Türme werden nun an Stangen befestigt, die auf der *piazza* bereitstehen, mit Wein aus den Krügen begossen, damit das Holz quillt und hält.

Und Action: Mit einem gewaltigen Ruck schießen auf ein Zeichen hin die hölzernen Türme erst in die Höhe, kippen dann in die Horizontale, damit sie die Träger besser auf ihre Schultern nehmen können. Dann rasen sie los. Erst im Kreis, drei Runden um den Platz, einmal rund um den Brunnen, dann durch die engen Gassen. Die Mäntel der Heiligen an der Spitze flattern im Laufwind, die Menge kreischt hysterisch hinterher wie bei einem Popkonzert.

Im Laufschritt geht es durch die engen Gassen, wo gerade mal ein Fahrrad durchpaßt, immer das Ziel vor Augen. Weiter die Zickzacksträßchen hoch zur Basilika. Die Ersatzmannschaft folgt auf dem Fuß; die Läufer tauchen durch, im fliegenden Wechsel – niemand hält es durch, mit der Last fast eines Zentners auf den Schultern bergauf zu hetzen. Wer zuerst oben auf dem Hügel bei Sant'Ubaldo ankommt, dessen Team hat gewonnen. Eine Glocke meldet der Stadt, wenn es soweit ist. Die Rekordzeit liegt bei neun Minuten, für eine Strecke, für die ein gemütlicher Spaziergänger eine Stunde braucht, die Drahtseilbahn, *funivia,* immerhin auch noch sechs Minuten! Bis zum nächsten Jahr werden die *ceri* dann in der Kirche Sant'Ubaldo abgelegt, die Heiligenfiguren bei Fackelschein zurück in die Stadt getragen und in der Chiesa San Francesco bis zum nächsten Jahr untergebracht.

Dann folgt der gesellige Teil. Die ganze Stadt

versammelt sich auf der *piazza* und tanzt bei Fackel-
beleuchtung bis in den frühen Morgen. Seit siebenhundert Jahren wird das Wettrennen in Gubbio
schon veranstaltet, die Tradition ist ungebrochen.
Im letzten Krieg, als die Männer weg waren und es
an starken Schultern fehlte, trugen die Frauen die
Heiligen hinauf auf den Berg.

Mögen es mir die *matti* aus Gubbio nachsehen,
doch das Rennen der Riesenkerzen erinnert mich
eher an ein gigantisches Marionettentheater denn
an einen sportlichen Wettbewerb – das beste Marionettentheater der Welt. Seit 1973 bilden übrigens
drei stilisierte rote Kerzen das Emblem der Region
Umbrien. Vorbild waren die *ceri* aus Gubbio. Apropos verrückt: Gubbio steht im Guiness Buch der Re-
korde mit dem größten Weihnachtsbaum der Welt.
Der geschmückte Tannenbaum war vierhundert
Meter hoch und seine Lichter bis nach Perugia zu
sehen.

Wenn Umbrien feiert ...

Eine Zeitreise ins Mittelalter

Maddalena hat ein Problem. Sie hat drei Kilo zugenommen, ausgerechnet in der Taille sitzt eine gemeine Speckschwarte, und ihr Kleid geht nicht mehr zu. Soll sie doch ein anderes anziehen, oder Jeans und einen weiten Pulli drüber. Geht nicht, denn es handelt sich nicht um irgendein Kleid, sondern um das Kleid. Ein wunderschönes, nach historischen Vorbildern geschneidertes Renaissancegewand, in dem sie aussieht wie ein Burgfräulein. Auch mit ihrem Haar gibt es in diesem Jahr Probleme. Etwas leichtfertig hatte sie sich im Sommer von Friseur Luigi zu einem modischen Bubikopf überreden lassen, hübsch, praktisch, außerdem der letzte Trend aus Mailand. Ruck, zuck waren ihre langen Haare ab. Die hatte sie an den Festtagen zu einem Knoten geschlungen und mit einem Diadem aus künstlichen Glitzersteinen geschmückt.

Mercato delle Gaite, Markt der Stadtteile, heißt das Fest, auf das Maddalena und mit ihr ganz Bevagna das Jahr über hinfiebern. Bevagna ist ein entzückendes Städtchen etwas abseits der Touristenpfade, das in der letzten Juniwoche zur Zeitreise ins Mittelalter startet. Obwohl, eigentlich ist hier das ganze Jahr über Mittelalter: Das Städtchen ist von einem mit Türmen und Bastionen bewehrten Mauerring umgeben, ins Innere führen Tore aus dem Mittelalter, und mit der Piazza Silvestri besitzt Bevagna einen der authentischsten kleinen Stadtplätze Umbriens. In den Straßen herrscht jeden Tag betriebsame Handwerkeratmosphäre, in den Gassen sieht man Flechterinnen und Knüpferinnen sitzen, die Hanf und Weiden flechten, und in offenen Werkstätten werden noch schmiedeeiserne Bettgestelle, Tische und Gitter gefertigt. Das ganze Jahr über antikes Feeling vermittelt auch das Teatro Torti. 1889 wurde es in einen mittelalterlichen *palazzo* eingebaut, Samtsitze, Logen auf drei Etagen, eine kleine Bühne mit einem Naturbild auf dem Vorhang.

Doch zum Mercato delle Gaite grüßt das Mittelalter buchstäblich aus jedem Mauereingang. Es gibt Theateraufführungen in historischen Kostümen, musikalische Darbietungen, überall kleine Werkstätten, in denen Handwerker ihre Produkte mit alten Techniken herstellen. Vom Hauptplatz entlang der beiden Hauptstraßen bis hinein in die vier Stadtviertel stehen Marktstände von Seilmachern, Kunstschmieden, Korbflechtern, Spinnern, Färbern, Kerzenmachern. Hergestellt werden geflochtene Körbe, getöpferte Weinkrüge, frisch geschöpftes Büttenpapier, handgezogene Kerzen, Seile, Lederwaren, aber auch Käse und frisch gebackene Fladenbrote. Mauereingänge und Tore öffnen sich, zum Vorschein kommen mittelalterliche Papierpressen, Glasbläseröfen, alte Backöfen, Tonscheiben. Auf der herrlichen *piazza* wird zur Musik der »Cantores Umbri« getanzt, in den Lokalen gibt es nach alten Rezepten zubereitete Speisen, Wettkämpfe im Bogenschießen werden zwischen den vier rivalisierenden Stadtvierteln ausgetragen. Und wer was auf sich hält – und das tut jeder in Bevagna –, wandelt im historischen

Kostüm durch die Gassen. (Wer den Karneval in Venedig versäumt hat ...)

Gaite bedeutet Stadtbezirke, und in solche waren die Städte während des Mittelalters nach ihren Handwerksbetrieben unterteilt. Die Gaita San Pietro etwa hieß Bäckerviertel, weil dort die meisten Bäcker ansässig waren, die Gaita Santa Maria war das Weberviertel, denn dort war man auf Hanfverarbeitungen, das Flechten von Seilen und Weben von feinen Stoffen spezialisiert. Ähnlich wie bei dem weltberühmten Palio in Siena treten auch bei den mittelalterlichen Festen in Umbrien die Viertel gegeneinander in Wettkämpfen an. In Bevagna heißt die Disziplin Bogenschießen, und es geht um die Ehre.

Schon Tage zuvor herrscht Hochspannung, die mittelalterlichen Maschinen und Geräte werden unter den schützenden Plastikplanen, unter denen sie das Jahr verbracht haben, hervorgeholt, gereinigt, getestet. Die antiken Rezeptbücher werden aus den Schubläden gekramt, die Tänze geprobt, die kostbaren Kostüme von ihrer Schutzhülle befreit und anprobiert, und die »Cantores Umbri« ölen ihre Stimmen. Die »Cantores« sind Musiker, die sich auf typische Lieder und Gesänge des 13. und 14. Jahrhunderts spezialisiert haben. Dahinter steckt viel Arbeit, denn sie müssen für ihre Darbietungen mühsam recherchieren, Geschichtsforschung betreiben, alte Handschriften entziffern.

Wenn Umbrien feiert, dann ist das für jeden Fremden die beste Gelegenheit, einen Blick in die Volksseele zu werfen und richtig gut zu essen. Die Region kennt eine Vielzahl von Köstlichkeiten, deren Zubereitung noch den Ursprung in mittelalterlicher, römischer oder gar etruskischer Zeit hat; die besten historischen Rezepte werden zu den großen Festen serviert. Und zum Glück für uns Besucher feiert Umbrien eigentlich ständig. Die zentralen Feste drehen sich um Mittelalter und Frühling, beide erkennt man schon am Geruch – das Mittelalter riecht nach Kaminfeuer und gegrilltem Fleisch, der Frühling nach Blüten.

In Assisi ist es am ersten Donnerstag im Mai soweit. Die Stadt verwandelt sich in einen Jahrmarkt vergangener Zeiten, durch die Straßen klingt mittelalterliche Musik, lustwandeln hochherrschaftliche Damen, Ritter sind unterwegs, Fahnenschwinger und Feuerschlucker bevölkern die Gassen. Die Stadtviertel messen im Bogen- und Armbrustschießen ihre Kräfte.

In Città della Pieve beginnt das mittelalterliche Schauspiel am 10. August. Palio dei Terzieri, lautet der Untertitel. Die Stadtviertel heißen hier *terzieri*, und deren Vertreter treten wie in Siena im Bogenschießen gegeneinander an. Auch ein Wettrennen steht auf dem Festprogramm, doch hier ist es eine Horde Stiere, die um die Wette rennt. Renaissancekostüme, Feuerschlucker, Fahnenschwinger und Straßenkünstler runden das Straßenbild ab, am Abend wird an langen Tischen original historisch gemeinsam getafelt.

Im Lanzenstechen messen sich die Stadtviertel in Narni zur Corsa all'Anello am ersten Maisonntag. Die drei Stadtviertel Fraporta, Mezule und Santa Maria kämpfen um den *anello*, einen kleinen, aufgehängten Ring, den es mit der Lanze zu durchstechen gilt. Im Stadtteil des Siegers wird gefeiert bis zum Morgengrauen. Das mittelalterliche Rahmenprogramm ist bunt und liebevoll gestaltet wie gehabt: Umzug in historischen Kostümen, Tänze zu mittelalterlicher Musik, Gelage in festlich hergerichteten Gastwirtschaften.

In Gubbio wird zum Palio della Balestra am letzten Sonntag im Mai der beste Armbrustschütze gekürt. Hier machen den Wettstreit nicht die Stadtviertel unter sich aus, man tritt gegen einen Gegner aus der Toskana an: Gubbio gegen Sansepolcro heißt es etwa. Begleitet wird das Spektakel von Rittern und Burgfräulein in historischen Trachten, Trompetenklängen und Fahnenschwingern.

Foligno, die Stadt der *palazzi*, feiert am zweiten und dritten Septembersonntag die Giostra della Quintana. Das Fest geht hier auf ein Ritterturnier aus dem Jahre 1613 zurück und variiert ein wenig. Zehn Ritter, einer für jeden Bezirk des Städtchens, nehmen an dem Turnier teil. Sieger ist, wer es schafft, seine Lanze dreimal in den Ring der *quintana* zu stecken. Die *quintana* ist eine Zielscheibe, die einen Sarazenen verkörpern soll, jene nordafrikanischen Eindringlinge, die die Welt des Mittelalters in Angst und Schrecken versetzten. Früher sollte durch den Wettbewerb geklärt werden, ob, so wörtlich, »dem Ehrenritter mehr an der Wahrung der Gnade seines Fürsten oder an der Gunst der edelsten und vornehmsten Dame gelegen sei«, heute stellen sich derartige Schicksalsfragen zum Glück nicht mehr, der Wettbewerb ist just for fun. Der Gewinner nimmt für seinen Stadtteil die bemalte *quintana* in Empfang. Auch in Foligno feiert die Gastronomie mit: In jedem Stadtviertel werden die mittelalterlichen *palazzi* wie Tavernen eingerichtet und mit Gegenständen des 17. Jahrhunderts dekoriert, an langen Tischen tafelt man historische Spezialitäten. Am Tag zuvor zieht ein Umzug mit Hunderten von Teilnehmern in historischen Kostümen durch die Straßen. In den letzten paar Jahren war das Vergnügen am Ritterturnier deutlich getrübt, denn in den Straßen von Foligna sah es aus wie nach einem Sarazenenüberfall. Neben Nocera Umbra war Foligno vom Erdbeben 1997 am stärksten betroffen.

Mit ähnlich großem Engagement und gleicher Freude wie die mittelalterlichen Feste werden in Umbrien die Frühlingsfeste gefeiert. Wenn Dörfer nach Blumen duften, dann ist Infiorita-Zeit. Das Fest wird um Fronleichnam gefeiert, ganze Straßen werden zu Blumenteppichen. Höhepunkt ist die Wahl zu Miß Infiorita, die dann leichtbekleidet und blumengeschmückt auf einem Wagen durch die Stadt gezogen wird. Natürlich ist es das höchste Ziel jedes jungen Mädchens, Miß Infiorita zu werden.

Wer einen buchstäblichen Blütenteppich, einen aus Blüten geformten Teppich sehen will, sollte zu Fronleichnam nach Spello. In der Nacht vor dem Fest brummt das Mittelalterstädtchen. Die ganze Stadt ist auf den Beinen, bewaffnet mit Körbchen voller Blütenblätter, denn zur Infiorita werden die romantischen Gassen mit Blumen und Blütenkompositionen geschmückt. Blütenblätter werden zu herrlichen Teppichen, Ornamenten, Fabeltieren, sogar zu Heiligenfiguren nach Perugino-Vorbild, Spellos Hauptstraße wird zur Open-Air-Galerie. In

Kleinstarbeit legen die Bewohner die farbigen Blütenblätter zu Kunstwerken. Blumen statt Bogen: Auch in Spello werden die Stadtviertel zu Rivalen. Porta Chiusa, Posterola und Mezota versuchen sich bei der Gestaltung des Blumenmeers gegenseitig zu übertreffen, eine Jury entscheidet dann über den schönsten Blütenteppich. Wenn es am nächsten Tag regnet und die ganze Pracht in den Rinnstein spült, dann ist das ein sehr gutes Zeichen, sagt man in Spello – auch so kann man sich trösten ... Oder mit einem Gläschen Rotwein aus der Cantina medievale gegenüber der Kirche Sant'Andrea, einer der schönsten *enoteche* Umbriens. Aus über 1300 Weinen der Umgebung kann man sein Gläschen auswählen, und aus so manchem steigt ein herrlicher Blütenduft.

Città della Pieve reiht sich ebenfalls ein in den Reigen der Frühlingsfeste, und hier legen die Blumenkünstler Hand an die Via Vanucci. Città della Pieve feiert überhaupt ziemlich oft, doch das beliebteste aller Feste steigt hier am Ostermontag, wenn aus zwei Trinkbrunnen statt Wasser Wein sprudelt. Der gute Tropfen wird von den Kellereien vor Ort gespendet. Trinken darf jeder, soviel er kann und mag ...

Für ihre Haare hat Maddalena inzwischen übrigens eine Lösung gefunden, der Friseur, der sie zum Kurzhaarschnitt überredete, stellt ihr eine Perücke zur Verfügung. Was das Kleid angeht, da hat sie keine andere Wahl: Bis zum Fest gibt's nur Wasser und Glaubersalz.

In den Eingeweiden der Erde

Höhlentrip im Monte Cucco

Die hellen Wände sind dekoriert mit Landkarten und Postkarten, in einer Ecke lehnt eine rostige alte Einstiegsleiter. Eine junge Dame lackiert ihre Fingernägel perlmuttweiß, blättert dabei in der neuesten Ausgabe von *Marie Claire*, es riecht ein wenig muffig, aber vielleicht bilde ich mir das auch nur ein. Ich bin im Centro Escursionistico Naturalistico Speleologico in Costacciaro, denn ich möchte in die Eingeweide der Erde. Umbrien auch mal von unten sehen. Und das geht nirgendwo besser als in der Grotta di Monte Cucco. Der Monte Cucco erhebt sich nordöstlich von Sigillo und ist der zweithöchste Berg der Region. Ich erzähle der Dame von meinem Vorhaben und frage sie nach einem *guida*. Kein Problem, meint sie, und wedelt mit den Fingernägeln durch die Luft. Dann sieht sie mich ein wenig schräg an, ob ich denn auch schwindelfrei sei und eine einigermaßen gute Kondition habe? Ich kann sie beruhigen.

Am nächsten Morgen Punkt zehn Uhr treffe ich meinen *guida* am Centro. Mario heißt er und ist Schüler an der Schule für Höhlenforschung in Costacciaro. Mit seinem Fiat Punto fahren wir los. Zuerst zum Albergo Monto Cucco da Tobia, dort müssen wir Fackeln besorgen. Der Besitzer des *albergos* ist passionierter Höhlenforscher, wie jeder zweite, der hier in der Gegend wohnt, ist er fasziniert von der dunklen, feuchten Höhlenwelt. Als Zweithobby betreibt er, wie ebenfalls fast jeder in der Gegend hier, das Drachenfliegen, als Kontrastprogramm sozusagen. Tief hinunter und hoch hinauf.

Seine Frau hingegen hält weder was von Abstechern in den Untergrund, noch will sie die Welt von oben sehen, sie zieht Spaziergänge am Monte Cucco vor. Aber sie ist auch nicht von hier, sie kommt aus Deutschland. Mario und ich fahren weiter zum Pian di Monte bei der Paragliding-Startrampe Decollo Sud. Dort läßt Mario das Auto stehen und stiefelt los. Einen leicht ansteigenden Weg durch einen kleinen Wald, an einem steilen Hang entlang, dann nähern wir uns nach einem vierzigminütigen Fußmarsch dem Eingang in die Unterwelt.

Es ist ein warmer Tag, die Wanderung hat mich zusätzlich aufgewärmt, doch Mario besteht darauf, daß ich einen dicken Pullover überziehe. Schon als wir uns der Öffnung der Höhle nähern, weiß ich, warum. Ein kalter Windhauch schlägt mir aus dem finsteren Schlund entgegen. Außerdem muß ich einen Helm mit Lampe aufsetzen. Ich blicke auf in die Wand geschlagene Eisenhaken, die senkrecht in die Tiefe führen. Ein falscher Schritt … Jetzt verstehe ich auch die Frage nach meiner Schwindelfreiheit … Mario sichert mich mit dem Seil, läßt mich hinunter, kommt dann nach. Ziemlich halsbrecherisch, dieser Einstieg! Früher half dabei eine Eisenleiter, heute steht das Ding als Deko im Höhlenzentrum. Es ist frostig kühl, die atemlose Stille wird nur unterbrochen von gelegentlichen Tropfgeräuschen. Unten angekommen, marschieren wir – immer horizontal – weiter und kommen in einen riesigen Saal mit spitz zulaufender Kuppel. Saal der Kathedrale heißt er, da er an eine Kirche erinnert. Mario leuchtet in alle Ecken, damit ich auch jede der herrlich bizarren Tropfsteinformationen erkennen kann. Es raschelt irgendwo. Ihhh, eine Maus? Höchstens eine Fledermaus, beruhigt mich Mario. Auch nicht viel besser. Allein die Vorstellung, das Tier könnte im Sturzflug über meinen Kopf wischen ... Der nächste Saal ist die Sala Margherita, die dann in einen Gang mit kleinen Seen mündet. Mario hält das flackernde Fackellicht über einen von ihnen, er glänzt wie Gold. Umgeben von den bizarren Tropfsteinformationen, sieht er aus wie das Reich einer verwunschenen Prinzessin.

Leider endet hier der touristische Teil, nur Höhlenforscher mit schriftlicher Erlaubnis des *procuratore* von Perugia dürfen weiter gehen und entdecken jedes Jahr neue Säle und verzweigte Gänge; das Innere des 1565 Meter hohen Monte Cucco birgt eine der weitläufigsten Höhlen Europas, passionierten Speläologen klingen die Ohren, wenn sie den Namen des Berges hören. Der bis heute erforschte Teil der Höhle hat eine Ausdehnung von knapp über 24 Kilometern und eine Tiefe von knapp über 940 Metern. Der kalkhaltigen Natur der umbrischen Berge sind die Karstphänomene mit den spektakulären Formen zu verdanken.

Zurück am Auto will mich Mario nun zu einem Trip in die Lüfte überreden. Der Monte Cucco ist Italiens bekanntester Drachenflugplatz. Startet man vom nördlichen Startplatz, landet man in Bastia, fliegt man vom Südstartplatz los, geht man in Scirca runter. Vielleicht ein anderes Mal.

Von »panettone«, Zauberapotheke und Wolfsskelett

Umbrische Rosinen

Wer kennt nicht den *panettone*, den italienischen Weihnachtskuchen? Es gibt ihn pur, mit kandierten Früchten, mit Rosinen. Am leckersten ist der *panettone* mit Rosinen, behauptet mein Freund Giacomo und ißt den Kuchen eigentlich überhaupt nur, weil er an die Rosinen will. Einmal hat ihm seine Freundin Rosalia eine Packung sonnenverwöhnter Californiarosinen gekauft, doch die Packung verschimmelte ungeöffnet in der Küche. Es ist nicht das gleiche, behauptet Giacomo, es geht darum, die Rosinen zu finden, die willkürlich verstreut im Kuchenteig Platz gefunden haben und dem *panettone* erst die richtige Würze verleihen. Sie sind etwas ganz Besonderes, sagt Giacomo. Auch bei so mancher Rosine aus dem umbrischen *panettone* geht es für den Reisenden mehr ums Finden als ums Suchen.

Wo genau liegt eigentlich Italiens Mitte? In Narni, behaupteten die Naresen, in Bevagna, meinten die Bevagnesen. Die Naresen wollten es ganz genau wissen und wandten sich an das militärgeographische Institut von Florenz. Eine offizielle Vermessung bestätigte den langgehegten Verdacht: *L'ombelico del mondo*, der Nabel, zumindest von Italien, liegt in oder vielmehr bei Narni; 42°30′11″ nördlicher Breite, 12°34′24″ östlicher Länge. Bevagna hatte das Nachsehen und Narni eine Touristenattraktion mehr. Der ganze Stolz des romantischen Provinzstädtchens im südlichsten Zipfel Umbriens auf einem Bergrücken über der Nera hängt nun – mehrsprachig – im Schaukasten der Kommune. In der Stadt ist ein Weg rot-gelb markiert und bringt die Interessierten zum *centro d'italia*. Und derer gibt es reichlich. Die Überreste der gewaltigen Ponte d'Augusto aus dem Jahre 27 v. Chr., die unterhalb der Stadt über die Nera spannt und ob ihrer Ruinenromantik zahllose Dichter inspiriert hat, sind in der Sightseeing-Beliebtheitsskala auf den zweiten Platz gerutscht.

In Bevagna gibt es dafür eine ganz merkwürdige Apotheke, in der sich sicherlich auch Harry Potter wohlfühlen würde. Als die Apotheke Farmacia Santi am Corso Matteotti umgebaut wurde, entdeckte man einen vorrömischen Mauerrest. Bei weiteren Grabungen kam ein versteinerter Baum ans Tageslicht, der das Zeichen eines Blitzeinschlages trug. Für die frühen Völker war dies ein ganz besonderes Zeichen, das besagte: Der Baum ist heilig, hier wohnt eine Gottheit. Wohl auch verständlich, wenn man bedenkt, wie hoch die Wahrscheinlichkeit ist, vom Blitz getroffen zu werden … Um den Baum zu erhalten, wurde um ihn herum gemauert, und in der Apotheke kann man bis heute den Liquore delle sette Streghe, den Likör der sieben Hexen, kaufen, der gegen jedes Zipperlein helfen soll.

Verhextes wird auch vom Lago di Pilato berichtet. In dem türkisfarbenen Bergsee am Monte Vettore nahe Castellucio soll dem Volksglauben nach der

Teufel hausen. Laut geschichtlicher Überlieferung soll der Leichnam von Pontius Pilatus, dem ehemaligen Statthalter Roms in Judäa, auf eigenen Wunsch in dem Bergsee versenkt worden sein; so kam der kleine See auch zu seinem Namen. Jedenfalls ist es strengstens verboten, die Uferzone zu betreten, ausgesprochen gefährlich soll es sogar schon sein, auch nur kleine Steine in den See zu werfen, denn dadurch, so wird befürchtet, könnte der Teufel geweckt werden. Die steile Felsflanke, zu deren Füßen der See schimmert, heißt übrigens Pizzo del Diavolo.

Der Königssee von Umbrien: Lago di Piediluco nennt sich ein liebliches blaues Becken, in dem sich mit Steineichen bewachsene Hügel spiegeln. Auf dem mehrarmigen See an der Grenze zu Latium kann man herrliche Bootstouren unternehmen, erfolgreich angeln und ein außergewöhnliches Echo erproben.

Ein schmales Weglein führt am Südufer zu einem Picknickplatz vor dem Monte Caperno. Wie man hier in den Wald hineinruft, so schallt es heraus. Nach vier Sekunden kommt die Stimme perfekt und ganz besonders klar wieder zurück.

Menschliches, Allzumenschliches ist in der Kirche Santo Stefano in Ferentillo zu besichtigen. In den düsteren Gewölben der Krypta stehen etwa zwanzig Mumien, die so gut erhalten sind, daß sogar noch Kleiderreste und Barthaare gut zu erkennen sind. Durch die trockene, mineralhaltige Erde und besondere Mikroorganismen haben die Körper unter der Kirche die Jahrhunderte wie gefriergetrocknet gut überdauert. Die mumifizierten Herrschaften sind international, sogar ein chinesisches Pärchen auf Hochzeitsreise, das die Cholera dahinraffte, ist darunter – und die betreffenden Mumien zeigen tatsächlich fernöstliche Gesichtszüge –, außerdem ein Schweizer Gardist, ein Pilger auf der Durchreise nach Rom, ein Erhängter, ein Gefolterter, ein mit Dolchstößen Getöteter, ein an Lepra Verstorbener. Eine Dame mit ausgeprägtem Sinn fürs Makabere führt durch die Mumienausstellung, erzählt Geschichten aus deren Leben, schildert anschaulich die Todesart.

Noch eine ganze Ecke älter als die Mumien, nämlich stolze zweihunderttausend Jahre alt, ist der fossile Wald, der erst vor kurzem bei Dunarobba nahe San Gémini entdeckt wurde. An die fünfzig gewaltige, riesige, bis zu drei Meter dicke versteinerte Baumstämme, die gen Himmel ragen, hat man bisher freigelegt. Seit zweihunderttausend Jahren sind sie in ihrer ursprünglichen Position erhalten – eine echte geologische Besonderheit. Dazu ein wenig Erdkunde: Umbrien taucht aus dem Meer auf, die Berge des Appenin wachsen in die Höhe, formen Hügel und Erhebungen. In der Mitte bildet sich ein See, an den Ufern des Sees entstehen gewaltige Wälder. Dann zieht sich das Meer zurück, der Wasserspiegel der Seen steigt, die Wälder verschwinden, bis auf einen, den Wald von Dunarobba. Das Geowunder hat sich herumgesprochen, immer mehr Touristen kamen, sahen und brachen ein Stückchen ab. Als Souvenir. Jetzt sind die Megabäume eingezäunt, man kann sie nur mit Führung besichtigen, zum Schutz vor Touristen; zum weiteren Schutz vor Wetterunbillen tragen sie Hütchen. Von weitem könnte man meinen, es wäre ein Campingplatz ...

Der Herr des Appenin war einst der Wolf, und in diesem Zusammenhang erzählt man sich in Gubbio eine schier unglaubliche Geschichte: Zu Zeiten des heiligen Franziskus lebten die Menschen in Angst und Schrecken vor einem gefräßigen Wolf, der die Ställe überfiel, Mensch und Tier tötete. In ihrer Not baten die Stadtväter von Gubbio den heiligen Franziskus um Hilfe, der die Sprache der Tiere beherrschte. Franziskus kam, schlug das Kreuzzeichen und sprach mit Bruder Wolf. Dieser schloß sein aufgerissenes Maul und legte sich vor Franziskus nieder. Franziskus und der gezähmte Wolf zogen in die Stadt, und fortan ließ der Wolf die Menschen von Gubbio in Ruhe. Er wandelte sich vom bösen Raubtier zum zahmen Haustier, wurde in Gubbio aufgenommen, wo er schließlich starb und begraben wurde. Die Geschichte verbreitete sich wie ein Lauffeuer, und natürlich mochte nicht jeder daran glauben. Im 19. Jahrhundert machten sich ein paar Skeptiker mit der Schaufel auf den Weg, um dort zu suchen, wo der Wolf begraben worden sein soll. Tatsächlich fanden sie genau an der angegebenen Stelle ein Wolfsskelett. Zufall? Am Ort des Geschehens, dort, wo Franziskus mit dem Tier verhandelte, am Stadtrand von Gubbio, steht heute die Kirche Santa Maria delle Vittorie, mitten in der Stadt, im Park der Kirche San Francesco, die Bronzeskulptur: Franziskus und der von ihm gezähmte Wolf. Vorübergehend galt der Herr des Appenin als ausgestorben, heute jagt er wieder Wildschweinen und

Rehen hinterher. Auf seine Rückkehr ist man in Umbrien ganz besonders stolz, denn dies ist ein wichtiges Zeichen für die Gesundheit der Umwelt.

Kann eine Krippe laufen? Normalerweise nicht. In Monteleone d'Orvieto schon. Dort pflegt man nämlich die Tradition der *presepe vivente*, der lebenden Krippe: Das ganze Dorf wird am 24. Dezember in ein Bethlehem verwandelt, Fladenbrotbäcker und Beduinenwerkstätten inklusive. Die Einwohner spielen Hirten, Handwerker, Josef und Maria. Als Begründer des Krippenspiels, das laufen kann, gilt Franziskus von Assisi, der 1223 bei einer Weihnachtsfeier in einer Grotte mangels Figuren eine Krippe mit Menschen, Ochs und Esel inszenierte – was die Kirche gar nicht gerne sah.

Es war im Jahre 1902, als ein Bauer in Monteleone di Spoleto, einem kleinen Örtchen in einem vergessenen Winkel Umbriens, sein Haus umbaute. Dabei kam ein ausgesprochen seltsamer Wagen zum Vorschein. Für die Landwirtschaft konnte der Bauer das Gefährt aus Walnußholz, geschmückt mit vergoldeter Bronze und Reliefs nicht nutzen, doch da es irgendwie antik aussah, überließ es der Bauer für ein paar Lire einem Antiquitätenhändler. Dieser machte das Schnäppchen seines Lebens. Denn bald schon war ihm klar, daß er eine original etruskische Biga erstanden hatte, einen zweispännigen Streitwagen, der sich auf das 6. Jahrhundert vor Christus zurückdatieren ließ. Der geschäftstüchtige Antiquitätenhändler verkaufte die Biga mit sehr viel Gewinn weiter an das New Yorker Metropolitan Museum, wo die etruskische Biga von Monteleone di Spoleto heute noch zu sehen ist. In der halbverfallenen Dorfkirche San Gilberto steht eine original-getreue Kopie der Biga Etrusca.

Das berühmteste Panorama Umbriens genießt man in Montefalco, das den Beinamen *ringhiera dell' Umbria*, Aussichtsterrasse Umbriens, trägt. Das stille alte Städtchen liegt auf einem Hügelkamm hoch über der Valle Umbra, der Blick wandert weit über das Land. Der traumhafte Blick hat schon 1907 Hermann Hesse von Montefalco schwärmen lassen: »… durch das alte Tor führt eine steile Gasse eng und finster bergauf, und was man sieht und woran man vorübergeht, alles ist alt, mittelalterlich, steinern, kühl und hart. Winzige Gäßchen zwischen hohen Steinhäusern ohne Bewurf, alte Türme, Tore, Kastelle, Kirchen und Stadtmauern. Kalter, scharfer Wind empfing mich auf der Höhe. Dicht in den Mantel gehüllt, sah ich ein schönes und eindringliches Bild. Über altes Gemäuer hinweg ringsum die umbrische Landschaft, licht und grün, von einem gewaltigem Kreis hoher, noch mit Schnee bedeckter Berge eingeschlossen. Jeder Blick streift nah oder fern irgendeine alte, berühmte heilige Stätte, da liegen Spoleto, Perugia, Assisi, Foligno, Spello, Terni, dazwischen hundert kleine Orte, Dörfer, Kirchen, Höfe, Klöster, Burgen und Landhäuser …« Ob Hesse danach auch in eine der gemütlichen *enoteche* eingekehrt ist und den köstlichen Wein von Montefalco gekostet hat? Der Rosso di Montefalco gehört jedenfalls zu den umbrischen Spitzenweinen.

Maibäume ordnet man gemeinhin den alpinen Regionen zu. Es gibt sie aber auch in Umbrien. In Gubbio und in San Pellegrino bei Gualdo Tadino nahe Perugia.

Zum Frühlingsfest, dem Maggio Fiorito, das am 1. Mai gefeiert wird, werden zwei Bäume gefällt, entlaubt, zusammengebunden und in der Dorfmitte von den *maggaioli*, starken Burschen, unter dem lautstarkem Beifall der Dorfbewohner aufgestellt. Dann wird gefeiert und um den Maibaum getanzt – allerdings nicht geschuhplattelt … Bis zum ersten Junisonntag bleibt der Baum stehen. Das Fest hat wie so viele seinen Ursprung in einer Legende: Zwei Reisende baten am Abend um Einlaß, doch die Tore der Stadt waren bereits verschlossen. Sie mußten im Freien übernachten und überlebten die eisige Nacht nicht. Neben den leblosen Körpern fand man ihren Spazierstock, der auf wundersame Weise zu blühen begann. Seitdem wird Maggio Fiorito gefeiert und ein Maibaum aufgestellt.

Bäumen ganz anderer Art verdankt Trevi seinen Wohlstand, seine prachtvollen Renaissancehäuschen und seine Barockpaläste, nämlich den Bäumen mit den grün- oder schwarzglänzenden Früchtchen. Trevi ist Umbriens Oliven- und Olivenölhochburg. Die Assoziazione Nazionale Città del' Olio hat ihren Sitz in Trevi, im Kloster San Francesco ist ein Ölmuseum eingerichtet. Umbrien selbst ist eines der ersten Olivenanbaugebiete Italiens. Es waren die Etrusker, die mit dem Anbau von Ölbäumen begannen, in Trevi hat man noch eine alte Ölmühle aus Sandstein gefunden. Auf Sommerfrische in Umbrien entdeckten die Römer auch das Olivenöl für sich – allerdings zur Körperpflege. Im Mittelalter nutzte das einfache Volk Olivenöl, weil es länger gelagert werden konnte als tierische Fette – für Cholesterin und Nährwerte interessierte sich damals noch kein Mensch. Gelegentlich wurde es auch als Lampenöl verwendet. Die umbrischen Ölbäume wuchsen und wuchsen, Pflege und Ernte wurden dadurch jedes Jahr mühsamer. Die Herstellung von Lampenöl stand in keinem Verhältnis mehr zu diesem Aufwand, also widmete man sich vermehrt der Produktion hochwertiger, *Extra-vergine*-Öle. Damit das Öl das Gütesiegel des Consorzio regionale olio extra vergine di oliva tipico umbro tragen darf, muß es von den Colli Preapenninici, den Colli Martani, den Colli Amerini, den Colli del Trasimeno oder den Colli Orvietani kommen.

Früher oder später kommt der Moment, an dem das mit dem vorzüglichen Olivenöl zubereitete umbrische Essen wieder abgearbeitet werden will, soll, muß – wie gut, daß Umbrien auch den Bewegungsfreaks das ganze Programm bieten kann. Ich habe das Klettern ausprobiert – zu anstrengend für mich –, habe mich überreden lassen, mit dem Drachen zu fliegen – die Angst war mein ständiger Begleiter –, wurde unter höchstem Protest gezwungen, in einen Hydrospeed, eine Art Plastikbob, zu steigen und mich durch Stromschnellen ziehen zu lassen – Hilfe! Gegen das Vorhaben, unter dem Marmore-Wasserfall in ein Schlauchboot zu steigen und die Stromschnellen des Nera hinunterzufahren, wehrte ich mich erfolgreich mit Händen und Füßen, auch das Bungee-Jumping, mit einem Gummi am Fußgelenk vom Brückenkanal in Rosciano bei Arrone in die Tiefe zu stürzen, ließ ich aus. Die beste aller sportlichen Aktivitäten ist und bleibt, durch die herrliche umbrische Landschaft zu spazieren und mit allen Sinnen zu genießen …

From Umbria with love

Auf der Suche nach dem perfekten Souvenir

Etwas Typisches mitbringen sollte ich meinem Freund von meinem letzten Ausflug nach Umbrien. Keinen Wein und bitte auch keine *salsicce* oder irgendwas mit Trüffeln. Nichts, was man essen oder trinken kann. Keine Spaghettischüsseln aus Keramik, nichts, was man stellen oder legen kann. Kein Olivenöl und nichts, was man auch anderswo kaufen kann.

Keine kulinarischen Köstlichkeiten, das bedeutet, keine *stringozzi*, keinen *prosciutto casereccio* aus Norcia, keine *pasta tratufata*, keinen *tartufosugo*, keinen *pecorino* aus den Monti Sibillini, kein *olio d'oliva* aus Trevi.

Ob ich auf einem der vielen kunterbunten *mercati* fündig werden könnte? Unzählige fliegende Händler wandern mit ihren fahrenden Verkaufsständen in fast jeden noch so kleinen Ort, im Angebot haben sie so ziemlich alles von Sandalen bis Sardellen, von Socken bis Suppenschüsseln. Die Marktatmosphäre ist fast schon orientalisch, und mitunter finden sich dort echte Schnäppchen. Auf dem Samstagsmarkt in Città della Pieve entdecke ich einen Anzug von Versace. Dunkelblau, zeitlos schick. Kann man anziehen, wäre also genehmigt, finde ich aber doch etwas banal. Die Suche geht weiter.

Ein paar Tage später schleiche ich durch den Laden von Antonio Margaritelli in der Keramikhochburg Deruta. Sein sogenannter Liebesteller, die *coppa amatoria*, das wäre doch ein geniales Mitbringsel. Im 16. Jahrhundert war er ein gegenseitiges Geschenk als Zeichen ewiger Treue. Amors Pfeil ist darauf zu sehen, Pfauenfedern, Fischschuppen. Aber das Ding kann man hinstellen, zählt also nicht. Überhaupt fände man in Deruta die herrlichsten Souvenirs: Teller, Becher, Vasen, Fliesen, sogar wunderhübsche Schirmständer. Etwa zweihundert Kunsthandwerker arbeiten in Deruta, formen aus unförmigen Tonklumpen wunderbare Dinge. Es existiert sogar ein Istituto Statale del' Arte, wo man einen Keramikkurs belegen, die Techniken der Majolikafertigung lernen und mit einem Maestro-d'Arte-Diplom abschließen kann. Die umbrische Majolika- und Keramikherstellung ist seit dem Mittelalter bekannt. Die schönsten und ältesten Objekte sind im Keramikmuseum im Palazzo dei Consoli ausgestellt. Im 15. Jahrhundert erlebte die Keramikproduktion ihren Höhepunkt, die Verwendung der drei Grundfarben Kupferbraun, Kobaltblau und Eisenoxydorangegelb war das umbrische Markenzeichen. Heute knüpfen die Meister des Tons wieder an die alten Zeiten an, verschönern ihre Kunstwerke mit alten Motiven. Herrliche Majoliken in Sonnenfarben warten in den umgitterten Auslagen an den ockerbraunen Wänden in Deruta auf Käufer. Schade.

Würde mein Freund rauchen, könnte ich ihm Zigaretten mitbringen. Umbrien produziert rund ein Sechstel der gesamten nationalen Tabakmenge. Fährt man durchs Land nördlich von Perugia, sieht man sie allerorts, die riesigen, durch Plastikplanen geschützten Tabakflächen. Aber er raucht nicht. In Città di Castello ist die Webkunst zu Hause, in der Werkstatt der Manufaktur Laboratorio Tela Umbra könnte man Stoffe in traditionellen Mustern und Farben kaufen. Mit Stickereien verzierte Decken sind seit Jahrhunderten der Verkaufsschlager in Assisi, die komplizierteste Stichart nennt sich denn auch Punto Assisi. Rund um den Lago di Trasimeno stellen Frauen handgeklöppelte Spitze her. Das Spitzenprodukt wird auf der Isola Maggiore hergestellt und heißt Pizzo d'Irlanda, denn eine irische Meisterin ihres Faches brachte diese Klöppeltechnik um die Jahrhundertwende herum den Fischersfrauen bei. Doch ob ich meinen Freund mit einem Tischtuch erfreuen kann, und sei es noch so raffiniert gearbeitet, wage ich zu bezweifeln.

Ein wenig ratlos stehe ich in Tuoro, am Ufer des Trasimenischen Sees, da entdecke ich ihn, einen in einem überirdischen Grün schimmernden, unglaublich runden Stein. Er fühlt sich rauh an und zart zugleich, ein echter Glücksstein voller umbrischer Magie, finde ich. Die Tage, die mir noch verbleiben, trage ich den Stein in meiner Tasche und erlebe einen schönen Moment nach dem anderen, bilde ich mir zumindest ein.

Zu Hause präsentiere ich mein perfektes Souvenir; from Umbria with love.

»Schatz«, sagt mein Freund und lächelt lieb, »das ist kein Stein, das ist eine mit den Jahren am Strand abgeschliffene Glasscherbe. Nicht, daß sie nicht wunderschön wäre ...«, fügt er dann noch schnell hinzu. Zu spät. Strafe muß sein. Ich behalte meinen Glücksstein, mein Freund bekommt mein zweites Souvenir, das nicht sitzt, steht oder liegt, sondern fährt: den akkordeonspielenden Franziskanermönch auf dem Feuerstuhl und dazu eine Extraportion *baci*.